JN419099

손으로 전하는 DIY 이야기

반가워 리본아

Yes Media Group
예스미디어
www.ymg.kr

◆ 집필위원 및 자문위원

더 좋은 책을 만들기 위한 노력이 지금도 계속되어지고 있습니다. 이 책에 대하여 개정 또는 증보시 집필위원 또는 자문위원으로 활동해 주실 훌륭한 교수님(선생님)을 모십니다.

문의전화 : 070-7636-9115, 010-3182-1190(예스미디어)

◆ 저자와의 만남

책 내용에 관한 궁금한 사항이나 건의 사항 및 편집과정에서 혹시라도 발생 될 수 있는 오탈자 등에 대한 의견을 주시면 적극 반영하도록 하겠으며, 채택된 의견에 대해서는 소정의 선물을 증정하여 드립니다.

앞으로도 저희 출판사는 고객의 입장에 서서 부단히 노력하여 더 좋은 책으로 보답하겠습니다.

※ 건의사항 : ymgbook@daum.net
※ 오타신고 : cafe.daum.net/yesmedia의 "오타신고" 란
※ 저자상담 : cafe.daum.net/yesmedia의 "질문하기" 란

리본을 만나고 시간이 지난 지금에도 리본을 보고 있으면 행복한 기분이 듭니다.
다양한 느낌으로 나를 표현할 수 있는 리본은 마음을 설레게 하고, 내 손으로 만들어 주위 사람들에게
전해지는 마음은 풍요로워 집니다. 리본을 다양한 형태로 변화시키는 즐거움을 통해 단순한 액세서리
만들기를 넘어 자신만의 개성 표현과 공간 연출을 통한 기쁨을 함께 나누고 싶어 이 책을 내게
되었습니다. 이 책과의 만남을 통해 리본으로 만드는 행복을 함께 느낄 수 있었으면 좋겠습니다.

이 책을 내기 까지 많은 도움을 주신 예스미디어 관계자 여러분과 뒤에서 응원해 주신 가족들과
모든 분들께 감사드립니다.

리본으로 여러분의 감성을 표현해 보세요.

목차

이 책을 보는 방법

Part 1. 리본공예의 기본

리본공예시 꼭 알아두어야 하는 기본리본 만들기와 부자재 마감법, 마무리 마감법 등을 담았습니다.

Part 2. 사랑스런 우리 아이를 위한 선물

아이들을 개성있고 예쁘게 꾸며줄 수 있는 액세서리 만드는 법을 담았습니다.

Part 3. 나를 특별하게 만드는 주문

트랜드에 맞게 자신만의 스타일을 연출 할 수 있는 헤어액세사리 만드는 법을 담았습니다.

Part 4. 그녀를 빛내는 작은 꽃다발

심플한 스타일에서 세련되고 사랑스러운 스타일까지 다양한 코사지 만드는 법을 담았습니다.

Part 5. 생활을 디자인하는 리본데코

– 다양한 분위기를 연출 할 수 있는 생활 소품 만드는 법을 담았습니다.

Part 6. 마음을 전하는 리본포장

– 정성을 담은 선물이 리본으로 더 빛날 수 있도록 리본장식 포장법을 담았습니다.

예상재료비는 필요한 리본의 한마(90cm) 가격으로 측정 하였습니다.

작은 리본의 경우 2~3개의 리본을 더 만들 수 있습니다.

리본을 사용하지 않고 리본 대신 다른 재료로 응용 하실수도 있습니다.

예를 들면, 유행이 지나거나 작아져서 못 입는 무늬 원피스나 블라우스, 청바지 또는 안 쓰는 커튼을 재활용해도 좋습니다.

헌옷에 붙어있는 특이한 단추나 액세서리 등도 훌륭한 부자재가 될 수 있습니다.

주변에서 쉽게 구할 수 있는 재료로 자신만의 감성을 표현해 보세요.

리본 공예란

직물이나 종이 등으로 만들어지는 장식용품으로 너비가 작고 긴 끈 모양으로 된 것을 리본이라고 한다.
이런 리본을 이용한 다양한 기법으로 아이들과 성인 모두 예쁘게 꾸밀 수 있는 액세서리, 코사지 및 각종 생활소품과
장식품을 디자인하고 제작하여 새로운 공간을 연출 할 수 있는 공예를 리본공예라고 한다.
리본이라는 친숙한 소재를 통하여 다양한 분위기 연출과 자신만의 개성을 표현할 수 있는 실용적 공예라는 점이 리본공예의
큰 매력이라고 할 수 있다.

리본의 종류

1. 골지 리본 : 가장 기본적인 리본 중의 하나로 줄무늬 같이 골이 파여 있다. 리본 자체에 힘이 있어서 모양 잡기가 좋아 초보자가 사용하기에 좋다.

2. 북골지 리본 : 골지리본 양쪽 테두리에 동글하게 모양이 나있다.

3. 초음파 리본 : 펀칭공정을 통해 다양한 무늬의 구멍이 뚫려있는 리본으로 패턴이 다양하다.

4. 융그라데이션 리본 : 색이 점차적으로 진해지거나 옅어지는 느낌의 리본으로 한가지의 리본으로 두 색감을 낼 수 있어 더욱 입체감을 나타낼 수 있는 리본이다.

5. 린넨프린트 리본 : 린넨소재의 리본에 다양한 프린트가 되어있어 여러 가지 느낌의 연출이 가능한 리본이다.

6. 면레이스 리본 : 일반 레이스를 리본형태로 만들어 여성스러운 느낌을 준다.

7. 토션레이스 리본 : 토션기계로 편직한 레이스 리본으로 면레이스 리본보다 두께감이 있다.

8. 스티치 리본 : 리본의 양쪽테두리에 홈질한 모양으로 스티치가 되어 있는 리본으로 공단스티치와 골지스티치가 있다.

9. 체크 리본 : 리본에 프린트가 되어 있는 것이 아니라 체크무늬로 직조 되어 있는 리본으로 캐주얼한 느낌을 준다.

10. 새틴 리본 : 부드러우며 광택이 있는 리본으로 단면새틴과 양면새틴이 있으며 화려하고 고급스러운 느낌을 준다. 공단리본이라고도 부른다.

11. 프릴 리본 : 리본의 테두리에 프릴이 달려 있어 귀엽고 여성스러운 느낌을 준다.

12. 원단리본 : 원단을 리본형태로 제작한 리본으로 원단의 종류에 따라 무늬와 패턴이 다양하다.

13. 스웨이드 리본 : 올이 풀리지 않아 열처리를 하지 않아도 되는 리본으로 따뜻한 느낌의 리본을 만들 때 사용하면 좋다.

14. 오간디 리본 : 얇고 반투명한 리본으로 가볍고, 부드러운 느낌을 주며 시원하고 여성스러운 느낌의 리본을 만들 때 사용하면 좋다.

15. 피코트 리본 : 리본의 양쪽 테두리가 피코트 뜨기를 한 것처럼 가장자리에 코가 빠져나온 리본으로 단색 피코로 리본과 다양한 프린트의 피코트 리본이 있다.

16. 자카드 리본 : 자수문양이 새겨져 있는 리본으로 다양한 무늬와 두께가 있어 리본의 포인트를 주고 싶을 때 사용하면 좋다.

17. 면 리본 : 면소재의 부드러운 리본으로 다양한 무늬와 두께가 있다.

도구

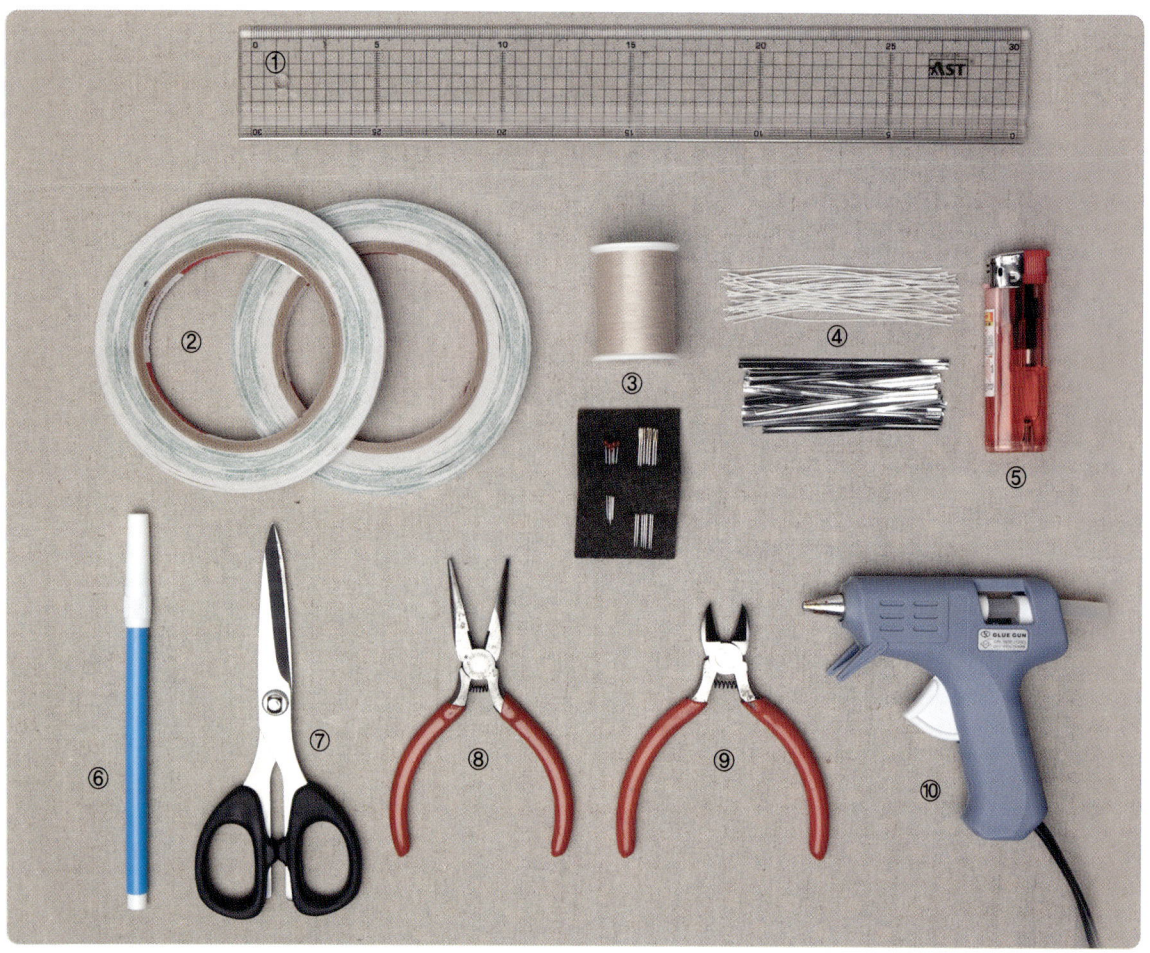

① **자**　리본의 길이를 재단할 때 사용한다.

② **양면테이프**　리본을 고정할 때 사용한다. 접착력이 강한 악세사리용 양면테이프가 좋으며 다양한 폭의 양면테이프를
용도에 알맞게 사용하면 된다.

③ **바늘,실,시침핀**　리본이나 원단에 주름을 잡거나 홈질할 때 사용한다. 리본의 모양을 고정할 때 시침핀을 사용한다.

④ **철사,와이어**　리본의 주름을 고정하는데 사용한다.

⑤ **라이터**　리본의 올이 풀리지 않도록 열처리할 때 사용한다.

⑥ **수성펜**　물이 묻으면 지워지는 펜으로 리본, 원단, 펠트지 등에 도안을 그릴 때 사용한다.

⑦ **가위**　리본을 재단할 때 사용한다.

　　　하나의 가위로 모든 작업을 하면 가윗날이 쉽게 상하기 때문에 리본 전용 가위를 준비하는 것이 좋다.

⑧ **롱로우즈**　리본의 주름 부분을 눌러줄 때 사용한다.

⑨ **니퍼**　주름을 고정한 철사나 와이어를 자를 때 사용한다.

⑩ **글루건**　리본이나 악세사리를 붙일 때 사용한다.

　　　예열하지 않고 사용하면 망가질수 있으므로 5분정도 예열한 후 사용하는 것이 좋다.

부자재

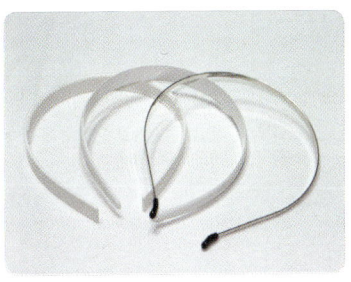

헤어밴드
민자머리띠, 이빨머리띠, 니켈머리띠등 다양한 재질과 크기를 골라 사용하면 된다. 민자머리띠에 고무빗살을 붙여 사용하면 잘 흘러내리지 않는다.

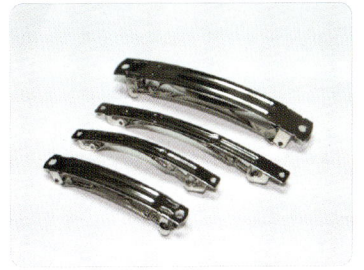

자동핀
일반자동핀과 빼빼로자동핀 등 개인의 머리숱에 따라 알맞은 크기를 사용하면 된다. 머리숱이 작을 경우에는 빼빼로핀대가 좋다.

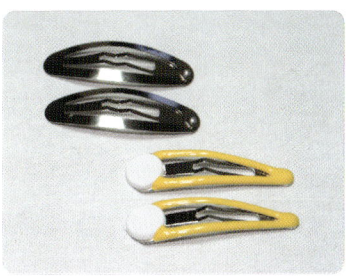

똑딱핀
타원똑딱핀과 삼각똑딱핀이 많이 쓰이며 직접 리본을 감아 사용하거나 칼라코팅되어 있는 것도 있다. 아이들이 편리하게 착용할 수 있다.

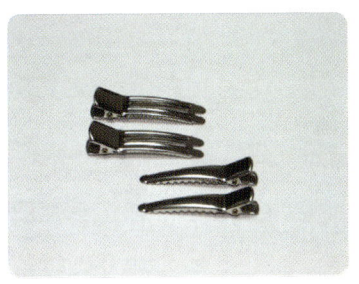

집게핀
이빨이 있는 집게핀과 없는 집게핀이 있다. 아이에게는 흘러내리지 않게 이빨이 있는 집게핀이 좋다.

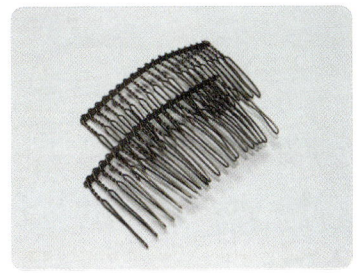

빗살헤어핀
철제, 플라스틱등 다양한 형태의 빗살핀이 있다. 올린머리를 고정과 동시에 예쁘게 장식할 수 있어 웨딩헤어핀으로 많이 사용한다.

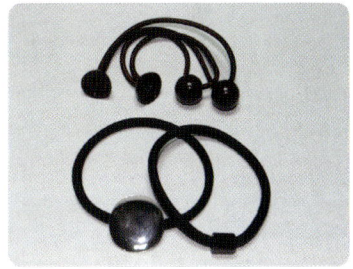

고무줄
반캡고무줄, 원판부착고무줄등 붙이는 리본에 따라 알맞게 골라 사용한다.

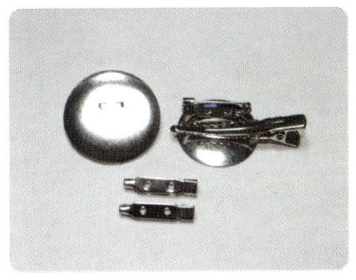

코사지대
코사지의 크기에 따라 원형판이 없는 옷핀형 코사지대와 집게핀까지 달려있는 코사지대가 있다. 집게핀이 달려있는 코사지대가 탈부착이 쉽다.

구두클립
리본으로 만든 장식을 구두에 탈부착 할 수 있게 붙여서 사용한다.

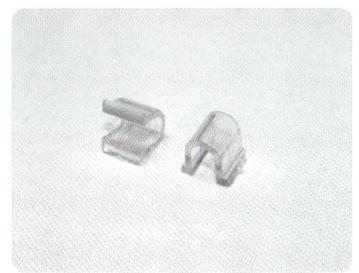

고정캡
링고무줄에 리본장식을 고정할 때 사용한다.

진주장식
다양한 크기와 색상, 모양의 진주 장식이
있다. (p3-17 봄의 왈츠)

플라스틱장식
다양한 캐릭터의 플라스틱 장식으로 귀여
운 리본핀을 만들 수 있다. (p2-25 바비걸)

단추장식
원목단추, 싸게단추, 모양단추등 다양한 모
양의 단추 장식이 있다. (p2-5 메리골드)

카메오장식
다양한 카메오장식으로
고급스러운 느낌의 리본을 만들 수 있다.
(p4-13 dear daisy)

금속장식
다양한 금속장식이 있으며 벨트금속장식에
리본을 끼워 심플한 느낌의 헤어핀을 만들
수 있다. (p3-23 앙뚜와네뜨)

핸드메이드 라벨
여러종류의 폰트 핸드메이드 라벨이 있다.
(p3-27 빈티지루비)

펠트지
코사지리본의 뒷마무리에 펠트지를 붙여주
면 깔끔한 마무리가 된다.
(p2-9 로즈버블)

Part1

리본공예의 기본

1. 열처리

재　　료: 리본, 가위, 라이터

열처리는 리본 끝의 올풀림을 방지하기 위하여 해주는 기본
작업 입니다. 온도가 낮은 푸른 불꽃에 대고 천천히 양끝을
열처리해 주어야 깨끗하게 마감 됩니다.

1 가위로 리본의 끝을 깨끗
이 잘라줍니다.

2 리본의 양끝을 열처리해
줍니다.

2. 8.5cm 핀대 감싸기

재   료 : 15mm 리본 10cm · · · · · · · · · · · · · · 1장
8.5cm 핀대 · · · · · · · · · · · · · · · 1개

1 리본의 길이는 핀대 양쪽
으로 0.7cm 여유를 두고
재단합니다.

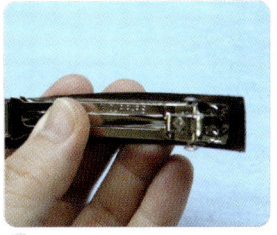

2 양쪽의 여유분을 똑같이
두고 한쪽 부분에 글루를
쏘아 고정합니다.

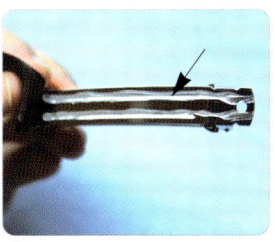

3 핀대 윗면의 홈을 따라 글
루를 쏘아 고정합니다.

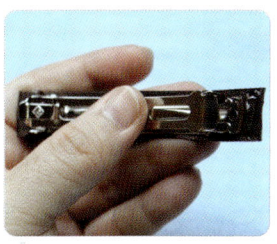

4 리본을 핀대에 고정한 후
여유를 둔 나머지 부분도
고정합니다.

3. 4.5cm 집게핀 감싸기

재   료: 10mm 리본 8.5cm · · · · · · · · · · · · · · · · 1장
          4.5cm 핀대 · · · · · · · · · · · · · · · · 1개

Tip

집게핀 가운데 뚫린 공간으로 글루가 붙지 않도록 집게를 벌리고 리본을 붙여줍니다.

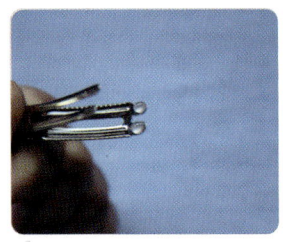

1 이빨이 없는 윗면에 글루를 쏘아줍니다.

2 글루를 쏜 부분에 리본을 고정합니다.

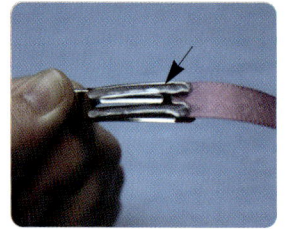

3 집게핀 윗면의 홈을 따라 글루를 쏘아줍니다.

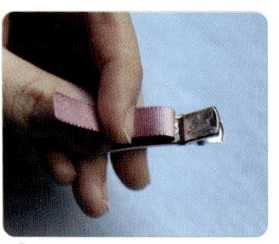

4 집게핀 손잡이 윗부분에 글루를 쏘아 고정합니다.

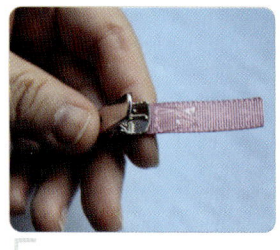

5 리본에 글루를 쏘아 집게핀 손잡이 부분에 넣어서 고정합니다.

6 집게 핀 밑면에 글루를 쏘아 고정합니다.

4. 똑딱핀 감싸기

재 료 : 5mm 리본 30cm · · · · · · · · · · · · · · · 2장
타원똑딱핀 · · · · · · · · · · · · · · · · 2개

리본을 비스듬히 놓고 감기 시작해야 일정한 간격으로 감기
가 편합니다.

1 똑딱핀의 위쪽에 비스듬히
5mm의 리본을 글루로 고
정합니다.

2 핀 사이에 리본을 넣어서
핀을 감싸줍니다.

3 핀을 감쌀 때 리본이 핀에
완전히 밀착되도록 감싸줍
니다.

4 끝부분 까지 감싸고 여유
분을 남겨 잘라줍니다.

5 끝부분을 글루로 고정해
줍니다.

5. 민자 머리띠 감싸기

재　　료 : 25mm 리본 80cm · · · · · · · · · · · · · · 1장
　　　　　15mm 민자 머리띠 · · · · · · · · · · · 1개

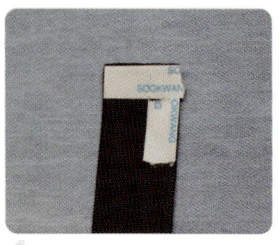

1 리본 한쪽 끝에 양면테이프를 ㄱ자로 붙여줍니다.

2 테이프를 떼어내고 머리띠를 중앙에 붙여줍니다.

3 리본 윗부분의 시접을 접어서 붙여줍니다.

4 리본의 짧은 쪽 시접을 접어서 붙여줍니다.

5 리본의 긴 쪽 시접을 0.5cm 정도 겹치도록 감아줍니다.

6 머리띠 2/3지점까지 감아줍니다.

7 머리띠 겉면의 중앙에 오도록 리본을 일자로 재단한 후 글루로 고정해 줍니다.

8 반대편도 똑같은 방법으로 감싸준 후 반대편의 리본과 겹치도록 재단해 글루로 고정합니다.

9 완성된 모양입니다.

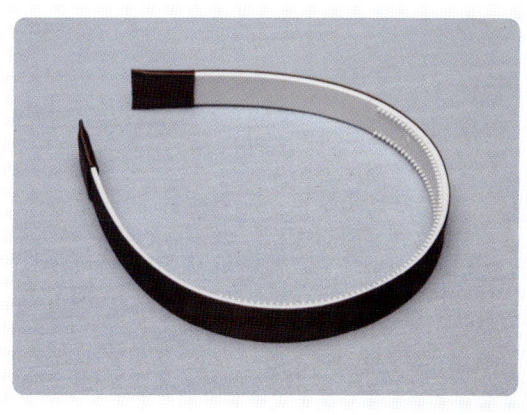

6. 이빨 머리띠 감싸기

재　료 :　15mm 리본 38cm · · · · · · · · · · 1장
　　　　　25mm 리본 5cm · · · · · · · · · · 2장
　　　　　15mm 이빨머리띠 · · · · · · · · · · 1개

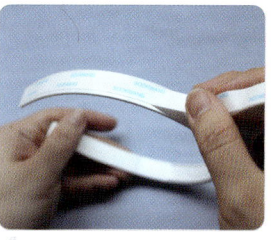

1 머리띠 전체에 양면테이프
를 붙여줍니다.

2 머리띠 끝에 맞춰 15mm
리본을 붙여줍니다.

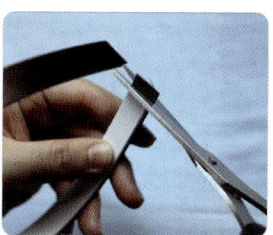

3 머리띠 끝에 맞춰 리본을
잘라줍니다.

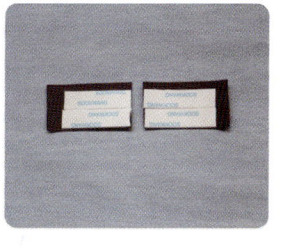

4 25mm 리본을 양끝은
1cm, 윗부분은 0.5cm 남
겨두고 양면테이프를 위와
같이 붙여줍니다.

5 머리띠 안쪽 끝선에 맞춰
붙여줍니다.

6 리본을 돌려서 반을 먼저
붙여줍니다.

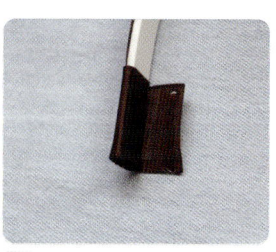

7 1cm 남겨둔 리본에 글루를
쏘아 붙여줍니다.

8 0.5cm 남겨둔 리본에 글루
를 쏘아 붙여줍니다.

9 끝부분이 일자가 되도록
눌러서 붙여줍니다.

7. 기본 리본 만들기

재   료: 40mm 리본 20cm · · · · · · · · · · · · · · · 1장
와이어

Tip

주름을 잡을 때에는 리본의 위, 아래 끝이 아래를 향하도록
잡아줍니다.

1 열처리한 리본의 한쪽 끝
  에 양면테이프를 붙여줍니다.

2 반대쪽 리본을 양면테이프
  에 붙여 링을 만들어줍니다.

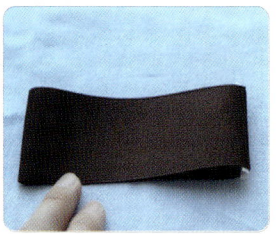

3 리본을 접어 중심을 표시
  합니다.

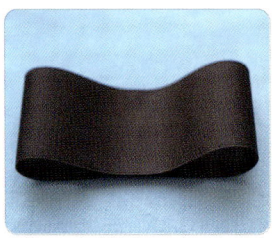

4 리본의 중심선과 마감선을
  맞춰 양면테이프를 떼고
  붙여줍니다.

5 일정한 간격으로 주름을
  잡아줍니다.

6 와이어로 주름을 고정해
  줍니다.

8. 와이어 마감하기

재　　료 : 롱로우즈, 니퍼, 주름잡은 리본

롱로우즈로 리본을 수평하게 눌러주어야 주름 잡은 모양이
예쁩니다.

1 주름잡은 리본을 준비합니다.

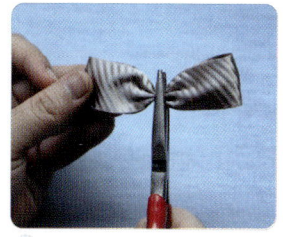

2 롱로우즈로 와이어를 일자로 눌러줍니다.

3 뒷부분의 와이어는 리본과 일직선이 되도록 해줍니다.

4 니퍼로 양쪽의 와이어가 0.2~0.3cm정도 되도록 잘라줍니다.

5 마감한 모습입니다.

9. 일자마감

재   료 : 10mm 리본

1 마감 할 리본을 준비합니다.

2 리본의 뒷면에 한쪽을 먼저 글루로 고정해 줍니다.

3 다른 한쪽도 고정해 줍니다.

10. 입술모양마감

재   료: 25mm 리본

마감모양이 중심에 오도록 붙여야 예쁩니다.

1 리본의 한쪽 끝을 지그재그로 삼등분하여 접히는 부분에 글루로 고정합니다.

2 다른 한쪽도 삼등분하되 반대로 지그재그가 되도록 글루로 고정합니다.

3 입술모양 마감입니다.

4 리본의 뒷면에 한쪽을 먼저 글루로 고정합니다.

5 반대편도 글루로 고정합니다.

6 완성된 모양입니다.

11. 산모양마감

재　　료 : 25mm 리본

1 리본을 반으로 접어줍니다.

2 접은 리본을 묶어 매듭이 중앙에 가도록 합니다.

3 리본의 양쪽 끝을 잡고 서로 다른 방향으로 비틀어 줍니다.

4 산모양 마감입니다.

5 리본의 뒷면에 한쪽을 먼저 글루로 고정합니다.

6 반대편도 글루로 고정해 줍니다.

12. 배색마감

재　료: 15mm 리본 · · · · · · · · · · · · · · · · 2장

1 배색이 되는 리본을 준비
　합니다.

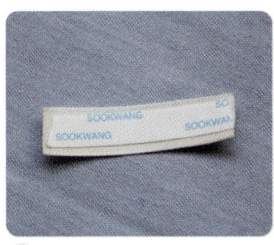

2 리본 안쪽 면에 양면테이프
　를 붙여줍니다.

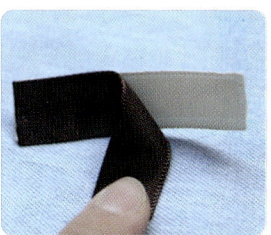

3 리본의 안쪽면을 마주대고
　붙여줍니다.

4 리본중앙에 0.5cm정도
　남기고 위와 같이 접어줍니다.

5 리본의 중앙에 배색이 보이
　도록 맞춰줍니다.

6 리본의 뒷면에 양쪽 끝을
　글루로 고정합니다.

Part2

사랑스런
우리아이를 위한 선물

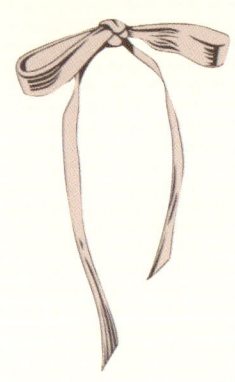

1. 스위트봉봉

난이도 ★★

재   료 : 40mm 물방울 골지 리본 12cm · · · · · · · · · 2장
             10mm 골지 리본 8.5cm (핀대용) · · · · · · · · 2장
             5mm 골지 리본 3cm (마감용) · · · · · · · · 2장
             5mm 골지 리본18cm · · · · · · · · · · · 2장
             4.5cm 집게핀 · · · · · · · · · · · · · 2개

예상재료비 : 1,500원 ~ 2,000원 (한쌍)

1 리본 한쪽 끝에 양면테이프를 붙여줍니다.

2 반대쪽 리본을 양면테이프에 붙여 링을 만들어줍니다.

3 리본을 접어 중심을 표시합니다.

4 리본의 중심선과 마감선을 맞춰 양면테이프를 붙여줍니다.

5 리본의 골과 나란한 방향으로 주름을 잡아줍니다.

6 주름잡은 리본을 와이어로 고정해 줍니다.

7 5mm리본으로 일자마감을 해 줍니다.

8 5mm리본을 만들어 위에 고정해 줍니다.

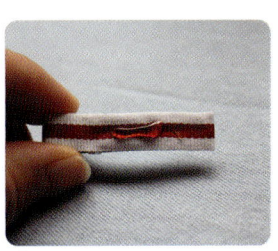

9 10mm리본으로 집게 핀을 감싼 후 윗부분에 글루를 쏘아 완성된 리본을 고정해 줍니다.

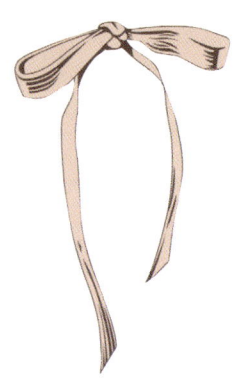

2. 레인보우스타

난이도 ★★★

재   료 : 15mm 면 체크 리본 4cm · · · · · · · · · · 12장
            10mm 공단 리본 8.5cm (핀대용) · · · · · · · 2장
            4.5m 집게핀 · · · · · · · · · · · · · · · 2개
            별모양 단추 장식

예상재료비 : 2,000원 ~ 2,500원 (한쌍)

1 15mm리본을 반으로 접어 줍니다.

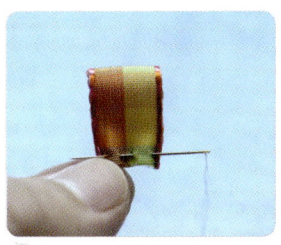

2 접은 끝선을 홈질해 줍니다.

3 리본을 연결하여 홈질해 줍니다.

4 여섯 장을 이어서 홈질해 줍니다.

5 처음리본과 마지막리본을 연결해 줍니다.

6 끝까지 당겨서 매듭을 지어 줍니다.

7 완성된 리본 위에 단추 장식을 바느질하여 고정 해 줍니다.

8 집게판을 감싸줍니다.

9 집게핀 위에 글루로 고정 해 줍니다.

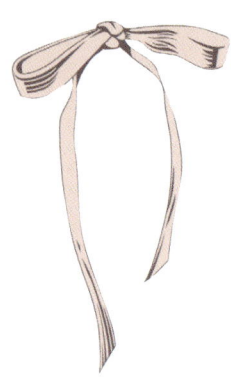

3. 메리골드

난이도 ★★★

재　　료 :　20mm 면 스티치 리본 20cm · · · · · · · · ·4장
　　　　　　5mm 골지 리본 30cm (핀대용) · · · · · · ·2장
　　　　　　5mm 골지 리본 4cm (마감용) · · · · · · · ·2장
　　　　　　타원 똑딱핀 · · · · · · · · · · · · · · ·2개
　　　　　　단추 장식

예 상 재 료 비 :　3,000원 ~ 3,500원 (한쌍)

1 리본의 한쪽 끝에 양면테이프를 붙여서 링을 만들어 줍니다.

2 반대편 중심을 표시한 후 오른쪽으로 비틀어 양면테이프를 떼고 붙여줍니다.

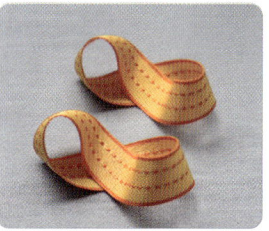

3 2번과 같은 방법으로 한개 더 만들어 줍니다.

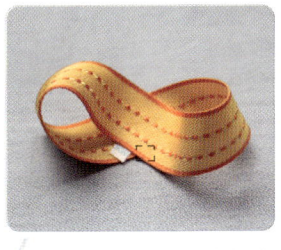

4 한개의 리본에만 위와 같이 안쪽 두곳에 양면테이프를 붙여줍니다.

5 양면테이프를 모두 떼고 중심과 중심을 맞춰 고정합니다.

6 5번을 고정한 모습입니다.

7 주름을 잡아줍니다.

8 주름 잡은 리본을 와이어로 고정합니다.

9 5mm리본으로 일자마감을 합니다.

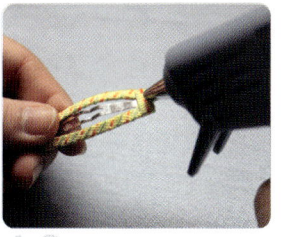

10 5mm로 똑딱 핀을 감싸고 한쪽 끝에 글루를 쏘아줍니다.

11 리본을 고정해 줍니다.

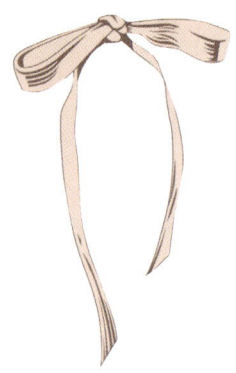

4. 더블버튼

난이도 ★★★

재　　료 : 10mm 골지 리본 8.5cm (핀대용) · · · · · · · ·2장
　　　　　5mm 공단 리본 4cm · · · · · · · · · · · · ·12장
　　　　　5mm 공단 리본 8.5cm (핀대용) · · · · · · · 2장
　　　　　4.5cm 집게핀 · · · · · · · · · · · · · · · 2개
　　　　　지름 4cm 단추 · · · · · · · · · · · · · · 2개
　　　　　단추 장식

예상재료비 : 2,000원 ~ 2,500원 (한쌍)

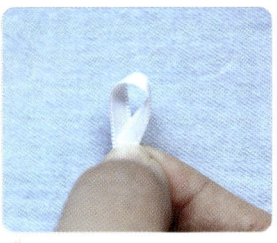

1 위와 같은 모양으로 만들어 줍니다.

2 포개진 리본의 중심에 바늘을 통과해 줍니다.

3 2번 모양의 리본을 차례대로 통과해 줍니다.

4 6장을 모두 통과한 후 매듭을 지어줍니다.

5 위에 단추를 바느질하여 고정해 줍니다.

6 6번의 리본을 단추위에 올려 글루로 고정해 줍니다.

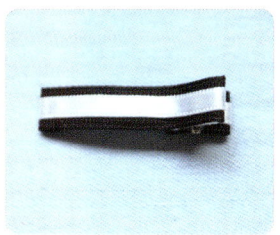

7 10mm와 5mm 리본으로 집게핀을 감싸줍니다.

8 집게핀에 단추를 글루로 고정해 줍니다.

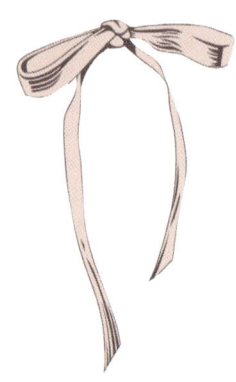

5. 로즈버블

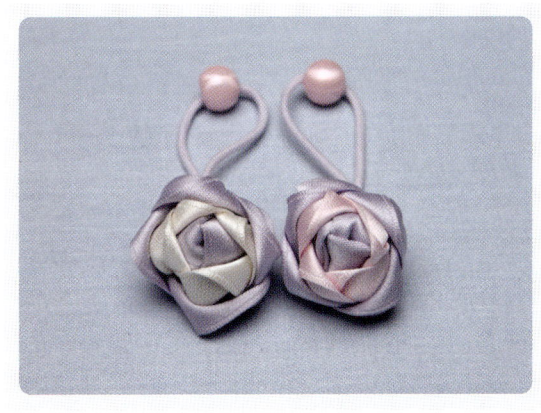

난이도 ★★★★

재 료 : 25mm 양면공단리본 25cm · · · · · · · · · · · 2장
　　　 25mm 양면공단리본 10cm(마감용) · · · · · · · 1장
　　　 고무줄 20cm · · · · · · · · · · · · · · 1개
　　　 방울, 투명캡 · · · · · · · · · · · · · · 1개
　　　 펠트지

예상재료비 : 3,500원 ~ 4,000원

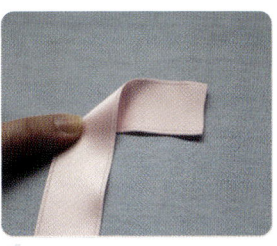

1 리본의 폭만큼 남겨두고 수직으로 접어줍니다.

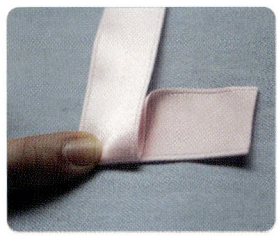

2 긴 리본을 위로 올려 접습니다.

3 올려접은 리본을 다시 수직으로 접어 시침핀으로 고정합니다.

4 접은 반대방향으로 다시 접어줍니다.

5 마지막까지 위와 같이 접은 후 시침핀으로 고정합니다.

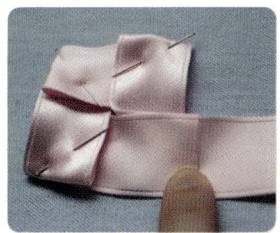

6 아래에 있는 리본을 위로 올려줍니다.

7 남은 리본은 자르고 열처리합니다.

8 7mm 정도의 바늘땀으로 둘레를 홈질합니다.

9 실을 완전히 잡아당겨 매듭을 지어줍니다.

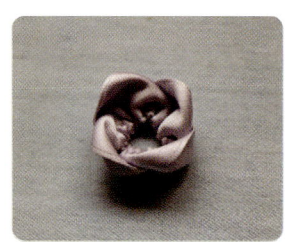

10 겉에 들어가는 리본은 3mm 정도로 촘촘하게 홈질합니다.

11 10번 리본의 안쪽에 글루로 쏘아 9번 리본을 넣어 고정합니다.

12 산모양 마감을 하여 양쪽 끝을 안으로 넣어 글루로 고정합니다.

13 산모양 마감을 11번 리본 안으로 넣어 글루로 고정합니다.

홈질을 할때는 면실 보다 퀼트 실을 사용하는게
실이 엉키지도 않고 잡아 당겨도 잘 끊어지지 않아서 좋습니다.

머리 방울 고정하기

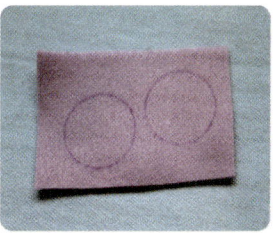

1 지름 2cm의 원을 펠트지에 그려서 잘라줍니다.

2 가운데를 고무줄이 들어갈 정도로만 가위집을 내줍니다.

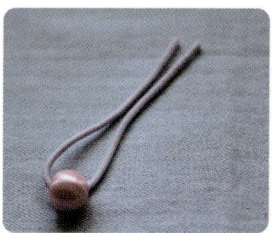

3 고무줄 사이에 방울을 넣어줍니다.

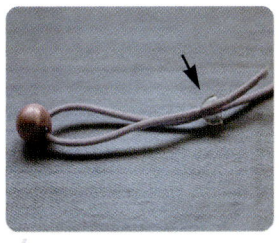

4 두 줄을 모아서 투명 캡을 넣어줍니다.

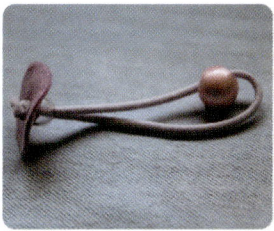

5 펠트지를 끼운 후 매듭을 지어줍니다.

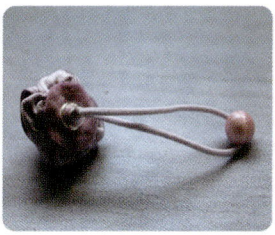

6 리본 뒷면에 글루로 고정해 줍니다.

6. 체크리브스

난이도 ★★★

재　　료 : 40mm 면 체크 리본 19cm ····················· 1장
40mm 면 체크 리본 28cm ····················· 1장
40mm 면 체크 리본 5cm (마감용) ··········· 1장
15mm 골지 리본 10cm (핀대용) ··········· 1장
8.5cm 핀대

예상재료비 : 2,500원

1 리본으로 링을 만든 후 중심선과 마감선을 맞붙여 줍니다.

2 주름을 잡은 후 와이어로 고정해 줍니다.

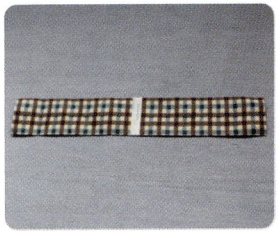

3 28cm 리본의 중앙에 양면 테이프를 붙여줍니다.

4 리본의 절반 부분을 다시 반으로 접어서 표시합니다.

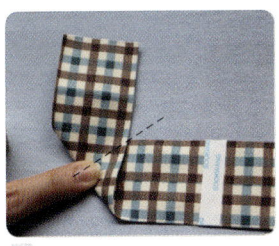

5 사진과 같이 직각으로 접어 줍니다.

6 5번의 점선을 기준으로 접어 내려 양면테이프에 반만 고정합니다.

7 반대편도 같은 방법으로 만들고 벌어진 부분을 글루로 고정합니다.

8 주름을 잡은 후 와이어로 고정합니다.

9 8번 리본에 2번 리본을 올려 글루로 붙여줍니다.

10 5cm 리본을 접어서 일자마감해 줍니다.(응용 보타이 일자 마감 참고)

⟨응용⟩보타이

난이도 ★★★

재   료: 40mm 면 체크 리본 19cm · · · · · · · · · · · · · · 1장
40mm 골지 리본 28cm · · · · · · · · · · · · 1장
40mm 면 체크 리본 5cm (마감용) · · · · · · · 1장
고무줄 30cm · · · · · · · · · · · · · · · · · · 1장

예 상 재 료 비 : 2,500원

1 체크리브스와 같은 방법으로 만들어줍니다.

2 두 리본을 글루로 고정해 줍니다.

3 고무줄을 반으로 접어 매듭을 지어줍니다.

4 고무줄을 리본에 글루로 고정해 줍니다.

5 면체크리본의 가운데에 양면테이프를 붙여줍니다.

6 양면테이프를 떼고 한쪽을 접어서 붙여줍니다.

7 고정이 되지 않은 부분에 양면테이프를 붙여줍니다.

8 양면테이프를 떼고 포개어 붙여 줍니다.

9 일자마감으로 완성합니다.

7. 리틀프린세스

난이도 ★★★★★

재   료 : 100mm 망사 원단 50cm · · · · · · · · · · · · · ·1장
           80mm 망사 원단 30cm · · · · · · · · · · · ·2장
           40mm 레이스 18cm · · · · · · · · · · · ·1장
           10mm 공단 리본 1.5cm (귀마감용) · · · · · ·2장
           5mm 리본줄 38cm (머리띠용) · · · · · · · ·1장
           5mm 철제 머리띠
           장미장식

예 상 재 료 비 : 9,000원

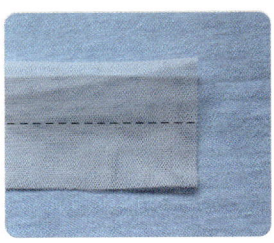

1 100mm 망사원단을 반으로 접어 준비합니다.

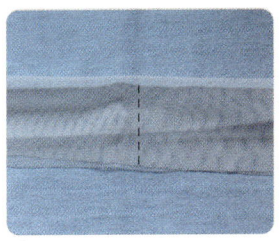

2 원단 길이의 절반인 25cm 지점에 중심을 표시합니다.

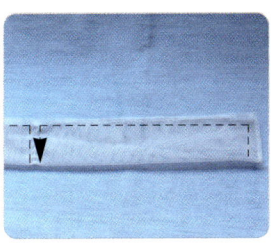

3 'ㄷ'자 모양으로 표시해둔 중심까지 홈질합니다.

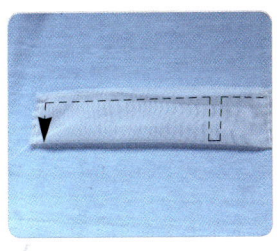

4 중심에서부터 0.5cm간격을 띄고 이어서 'ㄷ'자 모양으로 마지막까지 홈질합니다.

5 홈질 후 실을 완전히 잡아당겨 매듭을 지어줍니다.

6 처음과 끝을 이어 매듭을 지어줍니다.

7 80mm 망사원단 2장도 같은 방법으로 바느질합니다.

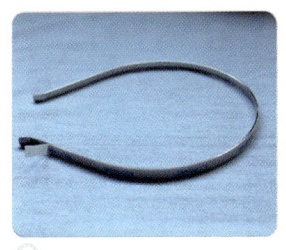

8 철제 머리띠에 양면테이프를 붙여줍니다.

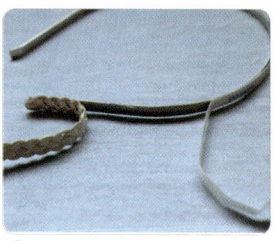

9 양면테이프를 떼어가며 리본줄을 붙여줍니다.

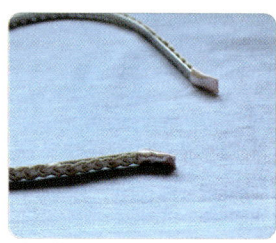

10 머리띠 양쪽 끝을 귀 마감합니다.

11 머리띠에 6번의 리본 을 글루로 고정해 줍 니다.

12 40mm 레이스로 리본 을 만들어 글루로 고정해 줍니다.

13 7번의 리본을 반으로 접어 양쪽에 붙여줍니다.

14 장미 장식을 붙여 완성 합니다.

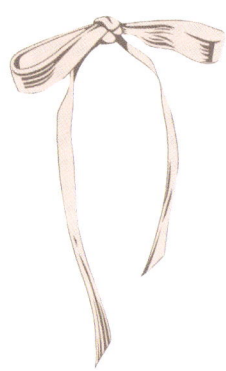

8. 오렌지캔디

난이도 ★★★★★

재　　료 : 25mm 레이스 16cm · · · · · · · · · · · 1장
　　　　　15mm 북골지 리본 20cm · · · · · · · · · 4장
　　　　　15mm 북골지 리본 17cm · · · · · · · · · 3장
　　　　　15mm 골지 리본 42cm (머리띠용) · · · · · · 1장
　　　　　15mm 이빨머리띠

예상재료비 : 5,000원

1 리본 끝에 양면테이프를 붙여서 링을 만들어 줍니다.

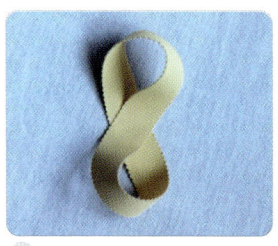

2 링의 중앙을 접어 중심을 표시한 후 비틀어 줍니다.

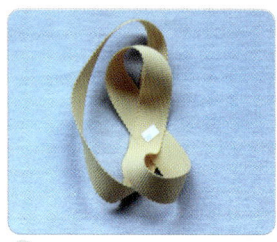

3 2번 리본의 중심에 양면테이프를 붙이고 링을 끼워 줍니다.

4 끼워넣은 채로 오른쪽으로 비틀어 양면테이프를 붙여 줍니다.

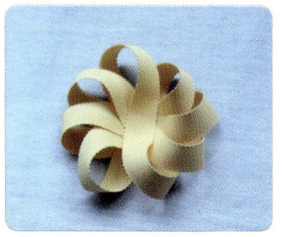

5 20cm 리본 4장을 차례대로 비틀어 양면테이프로 붙여 줍니다.

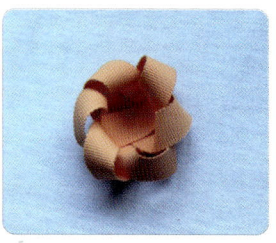

6 17cm 리본 3장도 같은 방법으로 만듭니다.

7 레이스의 윗부분에 글루를 쏘아 말아줍니다.

8 끝까지 말아서 고정한 모습입니다.

9 완성된 리본위에 글루로 붙여줍니다.

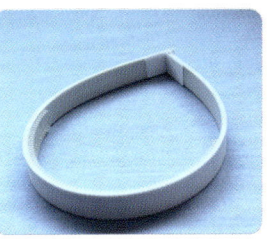

10 42cm 리본을 이빨머리 띠 안쪽에서 부터 붙여 줍니다.

11 리본을 머리띠에 글루 로 고정해 줍니다.

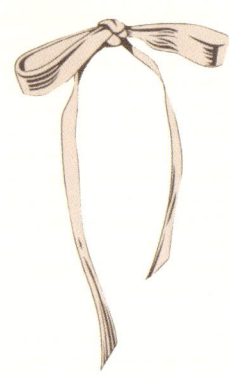

9. 쇼콜라

난이도 ★★

재   료 : 40mm 레이스 리본 22cm · · · · · · · · · · ·1장
          25mm 주름 공단 리본 20cm · · · · · · · · ·1장
          25mm 주름 공단 리본 5cm (마감용) · · · · · ·1장
          25mm 공단 리본 80cm (머리띠용) · · · · · · ·1장
          15mm 민자 머리띠

예 상 재 료 비 : 3,500원 ~ 4,000원

1 리본 한쪽 끝에 양면테이
  프를 붙여줍니다.

2 반대쪽 리본을 양면테이프
  에 붙여 링을 만들어 줍니다.

3 링의 중앙을 접어서 양면
  테이프를 떼고 고정합니다.

4 주름을 잡아줍니다.

5 주름잡은 리본을 와이어로
  고정합니다.

6 40mm 레이스 리본도 같
  은 방법으로 만들어 줍니다.

7 두 리본을 엇갈리게 글루
  로 붙이고 입술모양 마감
  합니다.

8 감싼머리띠에 리본을 글루
  로 고정합니다.

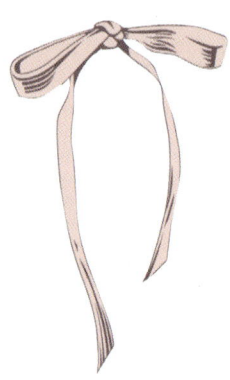

10. 바비걸

난이도 ★★★★

재 료 :	40mm 골지 리본 45cm · · · · · · · · · · · · · 1장
	25mm 린넨프린트 리본 38cm · · · · · · · · · 1장
	25mm 골지 리본 80cm (머리띠용) · · · · · · 1장
	5mm 골지 리본 5cm (마감용) · · · · · · · · · 1장
	15mm 민자 머리띠

예상재료비 : 2,500원

1 40mm 리본을 접어 중앙을 표시해 줍니다.

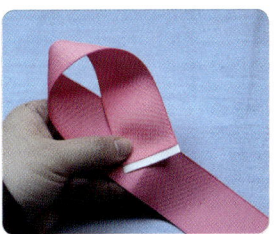

2 안쪽에 양면테이프를 붙이고 위와 같은 모양을 만들어 줍니다.

3 반대편도 모양을 잡아 양면테이프에 맞붙여 줍니다.

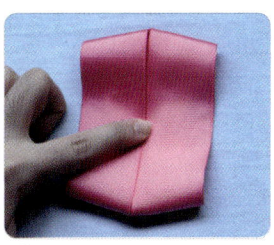

4 벌어진 리본은 11자가 되도록 모아줍니다.

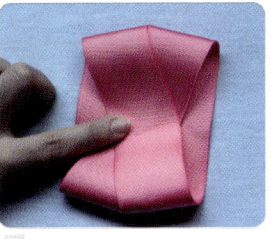

5 4번의 리본을 뒤집어 안쪽의 양면테이프를 떼어 붙여줍니다.

6 주름을 잡아줍니다.

7 주름 잡은 리본을 와이어로 고정해 줍니다.

8 25mm 리본도 같은 방법으로 만들고 두 리본을 포개서 글루로 고정합니다.

9 일자마감을 해줍니다.

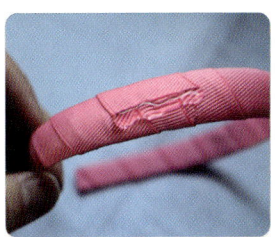

10 민자 머리띠를 감싸고 마감선이 있는 부분에 글루를 쏘아 리본을 고정해 줍니다.

11 양쪽 끝에 글루를 쏘아 튼튼하게 고정해 줍니다.

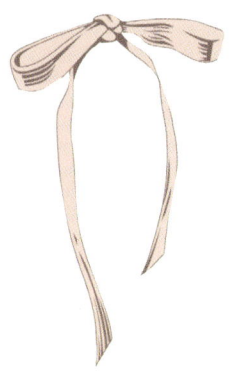

11. 아이엠레이디

난이도 ★

재　　료: 망사원단 15cm×8cm · · · · · · · · · · · · · 3장
　　　　　장식모자, 큐빅
　　　　　두줄 이빨 머리띠

예상재료비: 6,000원

1. 망사원단을 이등변삼각형 모양으로 잘라줍니다.

2. 사진과 같이 주름을 잡아 줍니다.

3. 잡은 주름을 철사로 고정 해 줍니다.

4. 깃털장식을 붙여줍니다.

5. 장식을 모자에 붙여줍니다.

6. 큐빅을 붙이고 머리띠에 글루로 고정합니다.

 Tip

집게핀에 붙여 응용할 수 있습니다.

Part3

나를 특별하게 만드는 주문

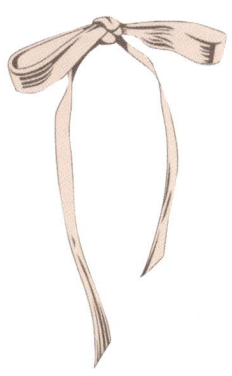

1. 썸데이

난이도 ★★

재   료 : 25mm 자카드리본 30cm · · · · · · · · · · · · 1장
         25mm 공단 리본 14cm · · · · · · · · · · · · 1장
         25mm 자카드리본 5cm (마감용) · · · · · · · · 1장
         15mm 공단 리본 10cm (핀대용) · · · · · · · · 1장
         8.5cm 핀대

예상재료비 : 2,500원

1 리본을 접어 중심을 표시합니다.

2 중심에서 4cm 떨어진 곳에 핀으로 표시하여 위와 같이 접어줍니다.

3 위와 같이 주름을 잡은 후 와이어로 고정합니다.

4 14cm 리본으로 기본리본을 만들어서 글루로 고정합니다.

5 5cm 리본으로 입술모양 마감을 해줍니다.

6 위와 같이 핀 대 한쪽을 리본 끝에 맞추어 글루로 고정합니다.

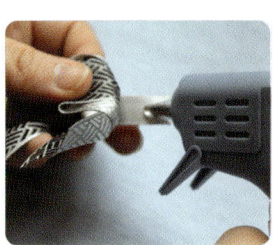

7 반대편도 같은 방법으로 고정합니다.

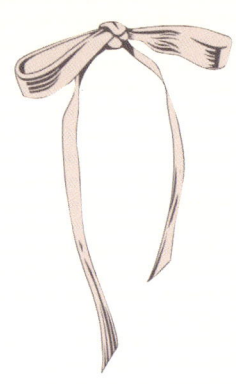

2. 오즈의 마법사

난이도 ★★★

재   료 : 25mm 무늬 공단 리본 25cm · · · · · · · · · · ·1장
            25mm 공단 리본 17cm · · · · · · · · · · · · ·1장
            10mm 공단 리본 4cm (마감용) · · · · · · · · ·1장
            10mm 공단 리본 7cm (핀대용) · · · · · · · · ·1장
            6cm 핀대

예 상 재 료 비 : 2,000원

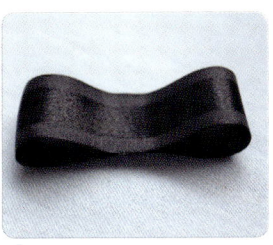

1 링을 만들어 리본의 중심과 마감 선을 맞춰 양면 테이프로 고정합니다.

2 무늬 공단리본을 비스듬히 붙여줍니다.

3 무늬 공단리본을 링 사이로 통과합니다.

4 무늬 공단 리본이 X자가 되도록 하여 통과합니다.

5 통과한 리본을 안쪽으로 넣어서 양면테이프로 붙여줍니다.

6 주름을 잡은 후 와이어로 고정합니다.

7 일자마감 후 리본중앙에 글루를 쏘아 핀 대에 고정합니다.

8 리본의 양쪽 끝을 핀대에 글루로 고정해 줍니다.

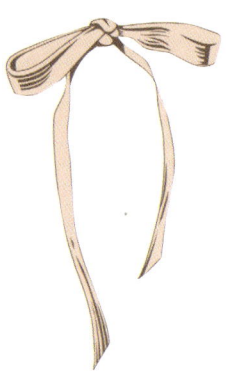

3. 레몬밤

난이도 ★★

재   료 :   3mm 세무 끈 30cm · · · · · · · · · · · · · 3줄
             3mm 세무 끈 10cm (핀대용) · · · · · · · · · 2줄
             8.5cm 빼빼로 핀대

예상재료비 : 2,000원

1 세 가지 다른 색의 세무 끈을 나란히 나열한 후 테이프로 임시고정해 줍니다.

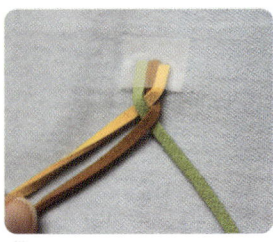

2 세무끈을 머리카락 땋듯이 끝까지 땋아줍니다.

3 끝을 글루로 고정해 줍니다.

4 남은 리본은 잘라주고 끝부분의 안쪽에 글루를 쏘아 말아줍니다.

5 리본이 조금씩 밑으로 내려 가도록 중간 중간에 글루로 고정해가며 말아 줍니다.

6 리본이 풀리지 않도록 뒷면에 십자로 글루를 쏘아 줍니다.

7 빼빼로 핀대에 세무 끈을 두줄로 붙여 고정해 줍니다.

8 땋은 세무 끈을 핀대의 끝부분에 글구로 고정합니다.

4. 달콤한 기다림

난이도 ★★★★

재 료 : 25mm 자수 리본 25cm (흰색) · · · · · · · · · · 1장
　　　　25mm 자수 리본 25cm (살구색) · · · · · · · · 1장
　　　　5mm 공단 리본 4cm (마감용) · · · · · · · · · 1장
　　　　5mm 공단 리본 10cm (핀대용) · · · · · · · · 1장
　　　　8.5cm 빼빼로 핀대
　　　　구슬줄

예상재료비 : 7,500원

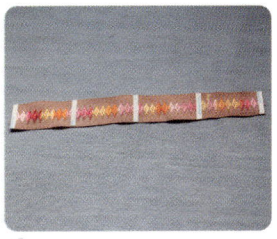

1 리본을 4등분하여 위와 같이 양면테이프를 붙여줍니다.

2 두 리본의 안과 안을 맞대어 붙여줍니다.

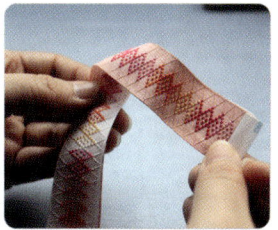

3 리본의 한쪽 끝에 양면테이프를 붙이고 위와 같이 접어줍니다.

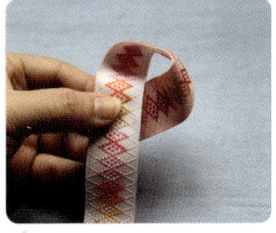

4 위와 같은 모양이 되도록 리본을 접어줍니다.

5 반대편도 같은 방법으로 만들어 양면테이프를 떼고 붙여줍니다.

6 주름을 잡은 후 와이어로 고정합니다.

7 일자마감을 하고 구슬줄로 장식합니다.

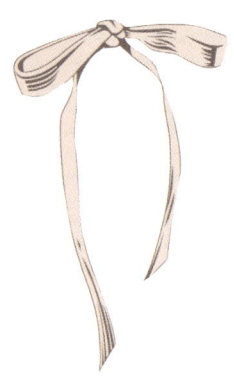

5. 보헤미안

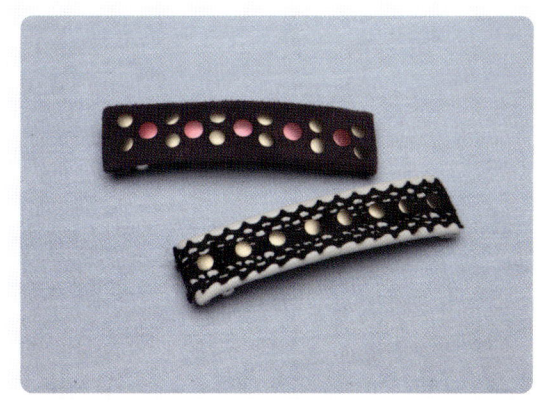

난이도 ★★

재　　료 : 인조가죽 ·1장
　　　　　 20mm 면레이스 10cm · · · · · · · · · · ·1장
　　　　　 네일헤드
　　　　　 8.5cm 핀대

예상재료비 : 10,000원

1 인조가죽을 4*10cm으로
재단해 줍니다.

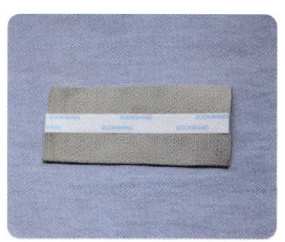

2 안쪽에 양면테이프를 붙여
줍니다.

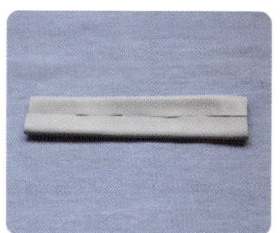

3 양끝을 접어서 양면테이프
를 떼고 고정해 줍니다.

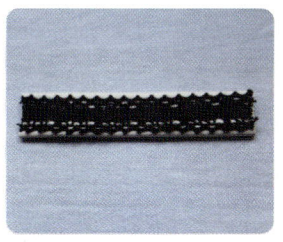

4 인조가죽 위에 레이스를
글루로 고정해 줍니다.

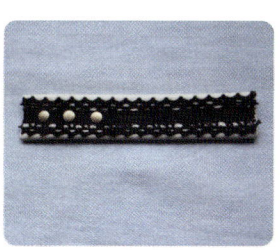

5 그 위에 네일헤드를 올려
줍니다.

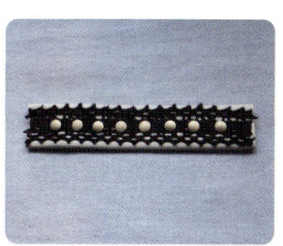

6 자리를 잡은 네일헤드를
글루나 인두로 고정합니다.

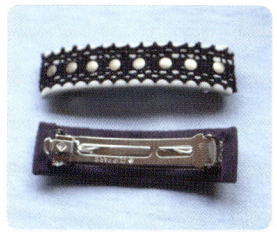

7 완성된 리본을 핀대에
글루로 고정합니다.

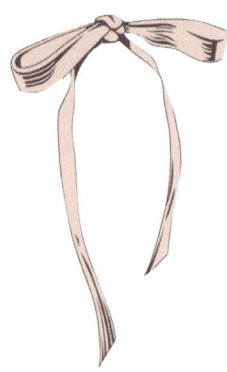

6. 시크한결

난이도 ★★

재   료: 25mm 레자 체인 리본 23cm ············1장
          25mm 레자 체인 리본 5cm (마감용) ······1장
          5mm 공단 리본 10cm (핀대용) ········1장
          8.5cm 빼빼로 핀대

예 상 재 료 비 : 2,000원

1 위와 같은 모양으로 주름
을 잡아줍니다.

2 와이어로 고정한 후 끝부
분을 원하는 길이로 잘라
줍니다.

3 5cm 리본으로 마감용 리본
을 잘라줍니다.
(5mm×5cm)

4 일자마감을 합니다.

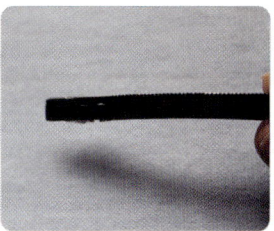

5 핀대를 싸고 잠금장치반대
부분에 글루를 쏘아줍니다.

6 핀대에 리본을 글루로 고정
합니다.

7. 블루하와이안

난이도 ★★

재　　료 : 10mm 레이스 지퍼 (베이지색) 15cm ･･･････1장
　　　　　 10mm 레이스 지퍼 (청색) 15cm ････････1장
　　　　　 8.5cm 빼빼로 핀대

예상재료비 : 2,500원

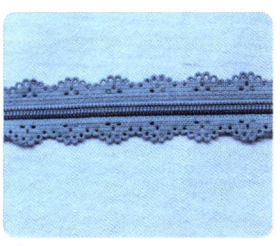

1 위와 같은 레이스 지퍼를
준비합니다.

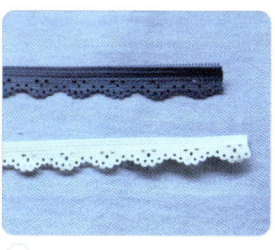

2 지퍼를 나눠 배색이 되는
지퍼 2장을 준비합니다.

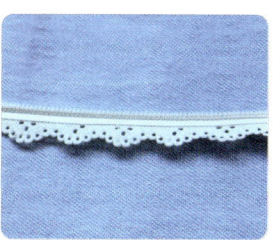

3 한쪽 지퍼에 2mm 양면
테이프를 붙여줍니다.

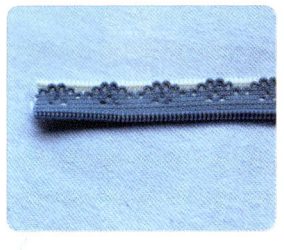

4 배색의 지퍼를 고정해 줍
니다.

5 위와 같이 매듭을 지어줍
니다.

6 산모양 마감으로 만들어줍
니다.

7 핀대위에 글루로 고정해
줍니다.

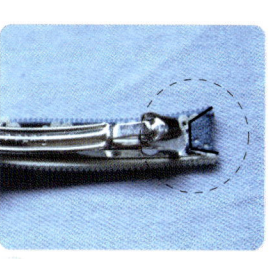

8 지퍼의 단단한 부분은 사선
으로 잘라서 마감해 줍니다.

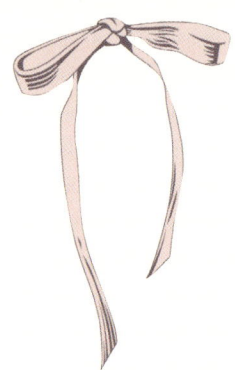

8. 문리버

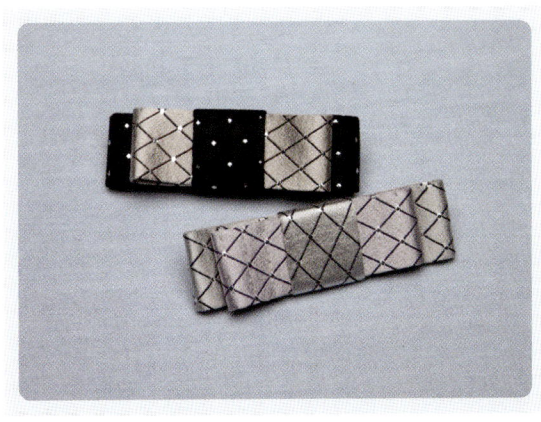

난이도 ★

재   료 : 25mm 원단리본 19cm ・・・・・・・・・・・・1장
25mm 원단리본 15cm ・・・・・・・・・・・1장
25mm 원단리본 6cm (마감용) ・・・・・・・1장
15mm 공단 리본 10cm (핀대용) ・・・・・・・1장
8.5cm 핀대

예 상 재 료 비 : 3,000원

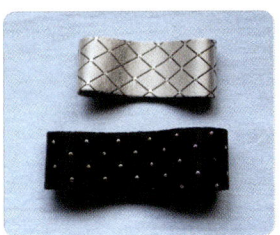

1 링을 만든 후 중심과 마감
선을 맞춰 양면테이프를
붙여줍니다.

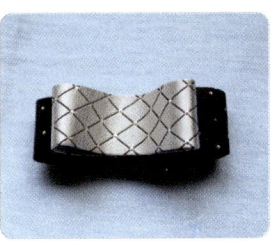

2 리본의 마감선이 마주 보도
록 글루로 붙여줍니다.

3 일자마감을 해줍니다.

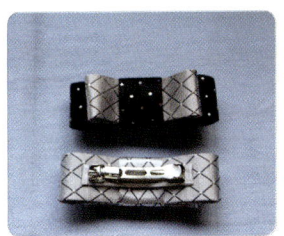

4 감싼 핀대에 리본을 글루로
고정합니다.

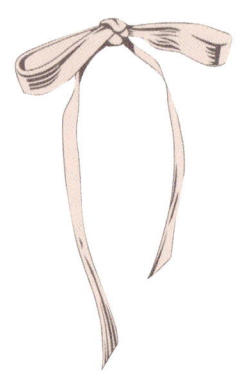

9. 봄의 왈츠

난이도 ★★★★

재   료 : 35mm 망사 리본 20cm · · · · · · · · · · · · · · · 3장
          25mm 공단 리본 7cm · · · · · · · · · · · · · 2장
          5mm 공단 리본22cm (핀대용) · · · · · · · · 1장
          빗살핀대
          진주구슬

예상재료비 : 8,500원

1 망사리본의 겉과 겉을 마주
   보고 박음질을 합니다.

2 끝까지 박음질을 하고 매듭
   을 지어줍니다.

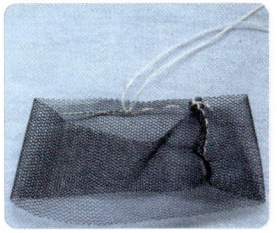

3 실을 끊지 않고 리본 한쪽
   끝에 5mm 바늘땀으로
   홈질해 줍니다.

4 실을 잡아당겨 매듭을 짓고
   끊어줍니다.

5 반대편 리본의 끝도 홈질
   해 줍니다.

6 끝까지 홈질을 한 후 잡아
   당겨줍니다.

7 위와 같은 모양이 나옵니다.

8 윗부분에 구슬을 바느질하여
   달아줍니다.

잎사귀와 마감

1 위와 같이 접어줍니다.

2 반대편도 포개어 접어줍니다.

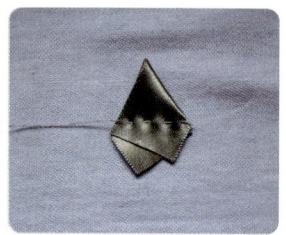

3 일자로 홈질을 해줍니다.

4 밑 부분을 일자로 잘라주고 열처리 합니다.

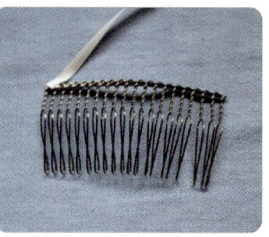

5 빗살핀에 5mm 리본을 비스듬히 글루로 고정합니다.

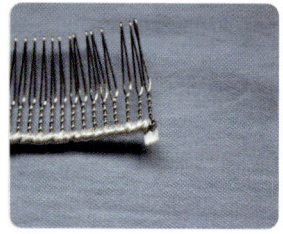

6 빗살 사이사이에 리본을 넣어서 감싸주고 끝부분은 여유 있게 잘라줍니다.

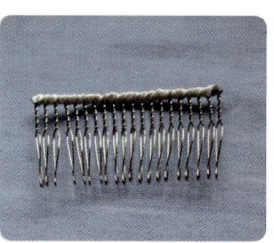

7 끝부분을 글루로 고정합니다.

8 빗살핀에 잎사귀를 먼저 글루로 고정해 줍니다.

9 꽃을 입체감 있게 글루로 고정해 줍니다.

10. 앨리스

난이도 ★

재   료 : 25mm 공단 프릴 리본 13cm · · · · · · · · · · · 3장
          25mm 공단 프릴 리본 10cm (마감용) · · · · · · 1장
          5mm 공단 리본 10cm (핀대용) · · · · · · · · 1장
          8.5cm 빼빼로 핀대

예상재료비 : 2,000원

1 공단 프릴 리본을 준비합
니다.

2 차례차례 올려서 조금씩
사선이 되도록 겹쳐줍니다.

3 주름을 잡은 후 와이어로
고정합니다.

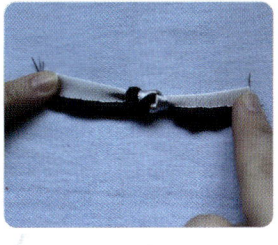

4 10cm 리본을 반으로 접어
산모양 마감을 만들어 줍
니다.

5 산모양 마감을 한 후 리본
의 끝을 사선으로 자르고
열처리 합니다.

6 감싼 핀대에 글루로 고정
합니다.

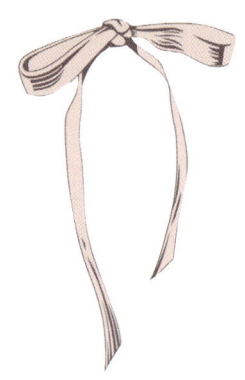

11. 앙뚜와네뜨

난이도 ★

재　　료 :　40mm 쉬폰 레이스 리본 20cm · · · · · · · · · · 1장
　　　　　　25mm 린넨 리본 20cm · · · · · · · · · · · 1장
　　　　　　15mm 골지 리본 10cm (핀대용) · · · · · · · · 1장
　　　　　　8.5cm 핀대
　　　　　　큐빅 버클 장식

예상재료비 :　6,000원

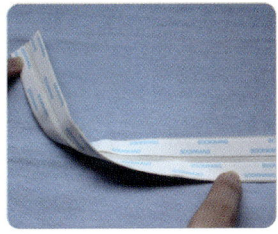

1 린넨 리본의 양쪽 면 모두 양면테이프를 붙여줍니다.

2 40mm 쉬폰리본을 준비합 니다.

3 한쪽 면의 양면테이프를 떼 고 쉬폰리본에 붙여줍니다.

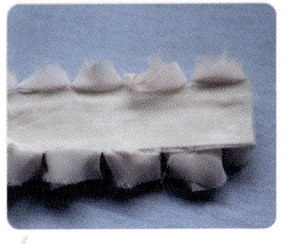

4 나머지 한쪽 면도 양면테이 프를 떼고 쉬폰리본의 양 쪽 시접을 붙여줍니다.

5 링을 만든 후 중심을 붙여 줍니다.

6 큐빅버클 장식을 쉬폰리본 의 중앙에 끼워줍니다.

Tip

쉬폰 리본에 힘을 주기 위해 린넨 리본을 붙여줍니다.
린넨 리본이 없으면 골지 리본으로 사용해도 됩니다.

7 감싼 핀대에 리본을 글루 로 고정합니다.

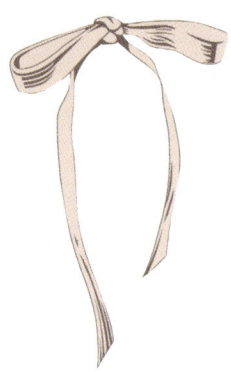

12. 롤리팝

난이도 ★

재   료 : 60mm 원단 프릴 리본 25cm · · · · · · · · · 2장
          5mm 공단 리본 8cm (마감용) · · · · · · · · 1장
          머리 고무줄 끈 · · · · · · · · · · · · · · 2개

예 상 재 료 비 : 3,000원

1 원단 프릴 리본의 중심에
  글루를 쏘아 줍니다.

2 돌돌말아 가면서 중간중간
  에 글루를 쏘아 고정해 줍
  니다.

3 끝까지 말아 고정한 모양
  입니다.

4 고무줄의 플라스틱 부분에
  글루를 쏘아 리본을 고정
  해 줍니다.

5 5mm 리본으로 일자마감
  합니다.

6 완성된 모습입니다.

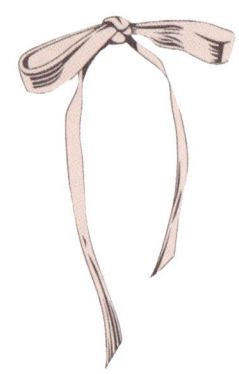

13. 빈티지루비

난이도 ★★★★

재　　료 :　25mm 자카드 리본 22cm · · · · · · · · · · · · ·2장
　　　　　　5mm 공단 리본 38cm (머리띠용) · · · · · · · ·1장
　　　　　　5mm 공단 리본 2cm (마감용) · · · · · · · · ·1장
　　　　　　구슬장식, 핸드메이드 라벨
　　　　　　5mm 철제머리띠, 고무 귀마감

예 상 재 료 비 :　3,000원

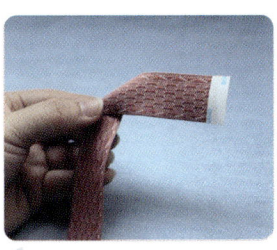

1 리본의 끝에 양면테이프를 붙이고 위와 같이 접어줍니다.

2 위와 같이 모양이 되도록 리본을 접어줍니다.

3 반대편도 같은 방법으로 만들어 양면테이프를 떼고 붙여줍니다.

4 주름을 잡은 후 와이어로 고정합니다.

5 주름잡은 두 개의 리본을 엇갈리게 하여 고정한 후 일자마감을 해줍니다.

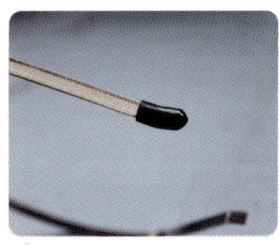

6 5mm 철제 머리띠에 리본을 붙이고 끝에 고무 귀마감을 끼워줍니다.

7 핸드메이드 라벨에 글루를 쏘아줍니다.

8 머리띠 위에 리본을 고정하고 핸드메이드 라벨을 붙여줍니다.

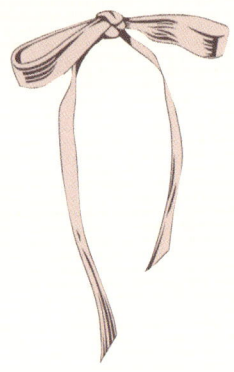

14. 눈꽃

난이도 ★

재   료 : 15mm 공단 리본 20cm · · · · · · · · · · · · · 1장
5mm 공단 리본 100cm (머리띠용) · · · · · · · 1장
구슬 액세서리 장식, 바늘, 실
5mm 철제머리띠, 고무 귀마감

예 상 재 료 비 : 3,500원

1 15mm 리본을 3cm정도 접
어줍니다.

2 남은 리본은 뒤쪽으로 4cm
정도 접어줍니다.

3 남은 리본을 뒤쪽으로 3cm
정도 접어줍니다.

4 밑 부분을 바늘땀으로 고정
해 줍니다.

5 구슬액세서리의 한쪽 끝에
만든 리본을 글루로 붙여
줍니다.

6 감싼 철제머리띠를 준비합
니다.

7 원하는 위치에 글루를 쏘
아 구슬액세서리를 고정해
줍니다.

Part4

그녀를 빛내는
작은 꽃다발

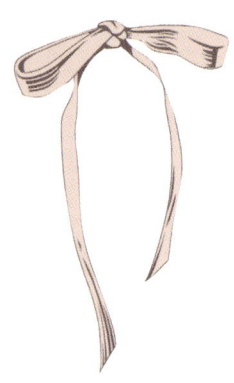

1. 발레리나

난이도 ★★

재　　료 : 40mm 니트리본 60cm · · · · · · · · · · · · · · 1장
　　　　 5mm 공단리본 20cm · · · · · · · · · · · · 1장
　　　　 바늘, 실, 코사지대

예 상 재 료 비 : 4,000원

1 니트 리본의 폭을 반으로 접어 홈질합니다.

2 바늘땀을 촘촘하게 리본의 끝까지 홈질합니다.

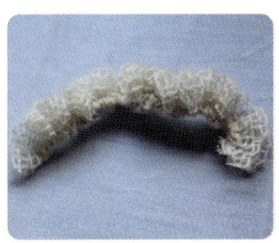

3 실을 너무 세게 잡아당기지 말고 주름이 예쁘게 잡힐 정도로만 당겨줍니다.

4 처음 부분에 글루를 쏘아 줍니다.

5 가운데 구멍이 살짝만 보이도록 위로 올려가며 글루로 붙여줍니다.

6 구멍이 보이지 않도록 5mm 리본을 가운데 붙여줍니다.

Tip

코사지대에 리본을 붙일 때
코사지대가 뜨거우니 조심하세요.

7 코사지대에 동그랗게 원을 그리듯 글루를 쏘아줍니다.

8 글루를 쏜 코사지대를 리본에 붙여줍니다.

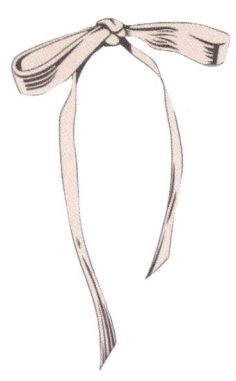

2. 로맨틱 다알리아

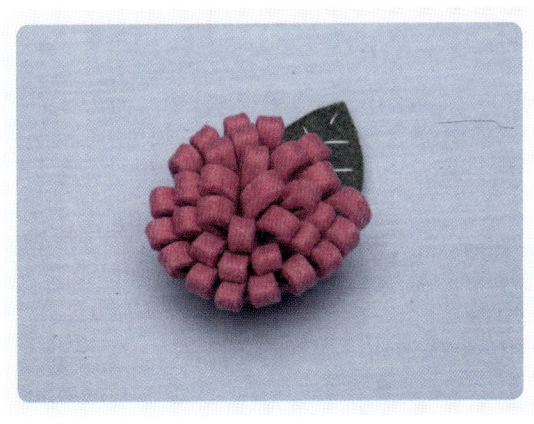

난이도 ★★

재　　료 :　5cm * 25cm 펠트지 (꽃)・・・・・・・・・・・・1장
　　　　　　5cm * 5cm 펠트지 (잎사귀) ・・・・・・・・・1장
　　　　　　바늘, 실, 구두클립

예상재료비 : 6,000원

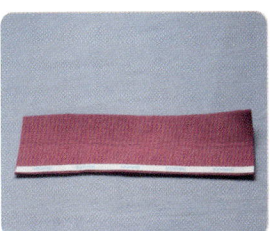

1　25cm 펠트지의 한쪽 끝에 양면테이프를 붙여줍니다.

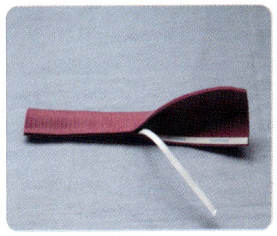

2　양 끝을 맞추어 양면테이프를 떼어 붙입니다.

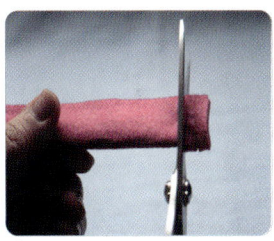

3　1.5cm 깊이로 가위집을 냅니다.

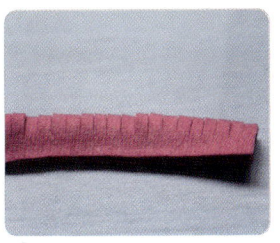

4　05.cm 간격으로 끝까지 잘라줍니다.

5　돌돌 말아가며 글루로 고정해 줍니다.

6　밑 부분이 평평하게 되도록 끝까지 말아줍니다.

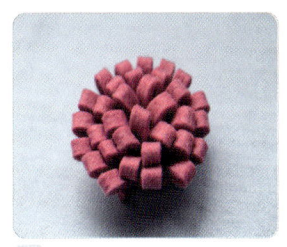

7　꽃이 완성된 모습입니다.

잎사귀 만들기와 마감

1 도안에 맞춰 잎사귀를 그려 잘라줍니다.

2 색 실을 이용해서 잎사귀의 잎맥을 표현해 줍니다.

3 끝부분에 글루를 쏘아줍니다.

4 코사지 뒷면에 잎사귀를 붙여줍니다.

5 펠트지에 지름 3cm의 원을 잘라 구두클립을 바느질로 고정합니다.

6 뒷면에 글루로 고정해 줍니다.

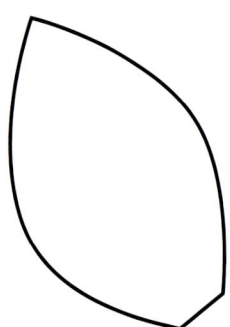

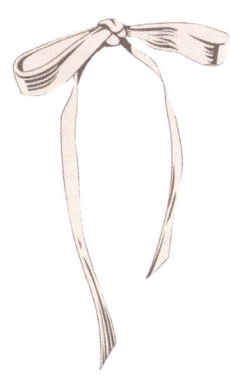

3. 쁘띠플라워

난이도 ★★★★★

재   료 : 30mm 스웨이드리본 15cm ·········· 6장
         (세가지색 각각 2장씩)
         밍크장식, 바늘, 실, 코사지대

예 상 재 료 비 : 4,000원

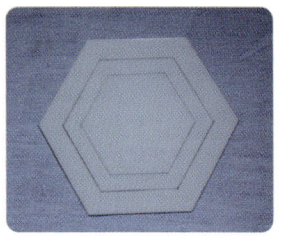

1 도안을 준비합니다.

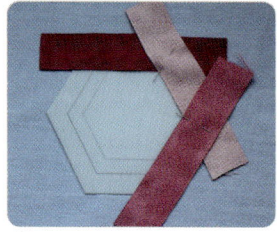

2 육각에 맞춰서 위와 같이
  리본을 핀으로 고정합니다.

3 끝에 리본은 처음 리본 밑
  으로 가게 만들어 준 후 핀
  으로 고정합니다.

4 화살표의 꼭짓점과 꼭짓점
  을 수성 펜으로 이어 그려
  줍니다.

5 여섯개의 꼭짓점을 모두
  이어 그려줍니다.

6 시접을 0.5cm 남기고 잘
  라줍니다.

7 5mm정도 바늘땀으로 홈
  질을 해줍니다.

8 실을 잡아당겨 매듭지어줍
  니다.

9 밍크방울을 붙여 완성합니
  다.

<응용>엘레강스 플라워

난이도 ★★★★★

재   료 : 30mm 스웨이드리본 진분홍 15cm · · · · · · · ·6장
　　　　　30mm 스웨이드리본 연분홍 15cm · · · · · · · ·6장
　　　　　액세서리, 바늘, 실, 코사지대

예 상 재 료 비 : 6,000원

1 육각에 맞춰 리본을 핀으로 고정하고 꼭짓점을 이어 그려 줍니다.

2 바느질 땀을 5mm정도 하여 홈질해 줍니다.

3 홈질을 잡아당겨 매듭을 지어줍니다.

4 연분홍색 스웨이드리본도 같은 방법으로 만들어 줍니다.
(이때 바늘땀은 7mm정도로 홈질합니다.)

5 두 리본을 살짝 엇갈리게 글루로 붙여줍니다.

6 액세서리를 글루로 붙여줍니다.

리본이나 천위에 표시하는 수성펜은 파란색과 보라색이 있습니다.
파란색 수성펜은 물을 묻히면 표시선이 없어지고 보라색 수성펜은
시간이 지나면 저절로 없어지므로 선이 없어지기 전에 작업해야
합니다.

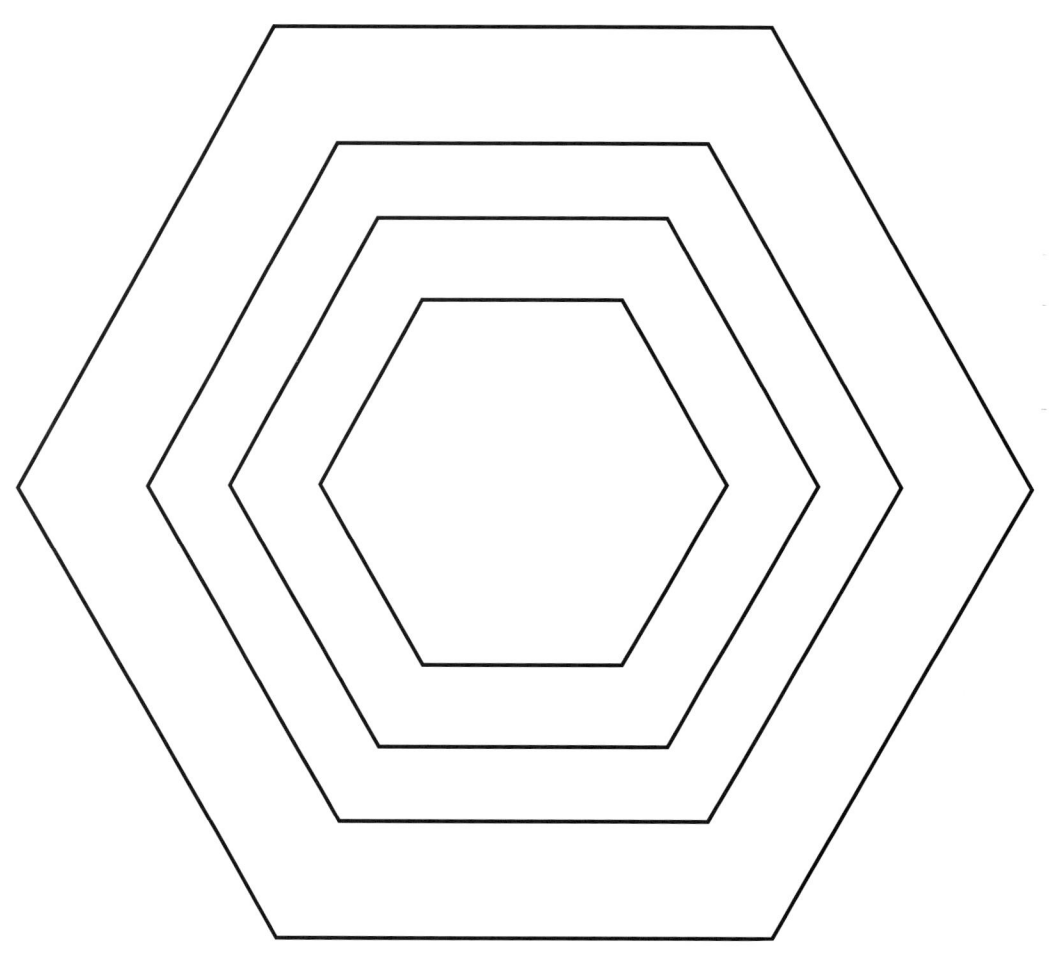

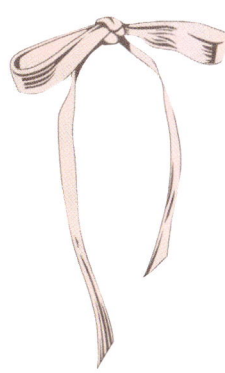

4. 아이비그린

난이도 ★★★

재　료 : 5cm * 20cm 펠트지 (대) · · · · · · · · · · · ·1장
4cm * 20cm 펠트지 (소) · · · · · · · · · · · ·1장
10mm 레이스 20cm 1장 · · · · · · · · · ·1장
단추장식, 바늘, 실, 코사지대

예상재료비 : 6,500원

1 도안을 대고 수성 펜으로
그려줍니다.

2 큰 꽃잎과 작은 꽃잎 각각
5장씩 준비합니다.

3 뾰족한 밑 부분을 살짝 겹쳐
지게 잡아줍니다.

4 잡아준 밑부분을 바늘땀으
로 고정해 줍니다.

5 지름 4cm원을 잘라줍니다.

6 먼저 큰 꽃잎부터 원에 고정
합니다.

7 꽃잎들이 포개지도록 겹
쳐서 고정해 줍니다.

8 마지막 꽃잎이 처음꽃잎 밑
으로 포개지도록 붙여줍니다.

9 레이스를 위와 같이 접어
글루로 붙여줍니다.

10 큰 꽃잎 위에 글루로
고정해 줍니다.

11 작은 꽃잎도 같은 방법
으로 만들어 글루로 붙
여줍니다.

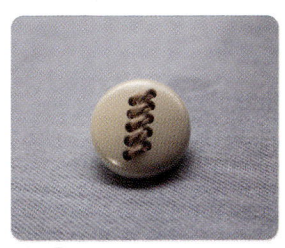

12 단추 장식을 꽃의 가운
데에 글루로 고정합니다.

13 뒷면에 코사지대를 글루
로 붙여줍니다.

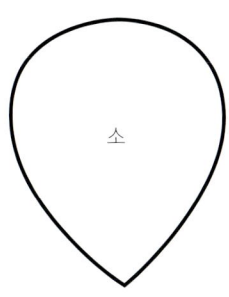

소

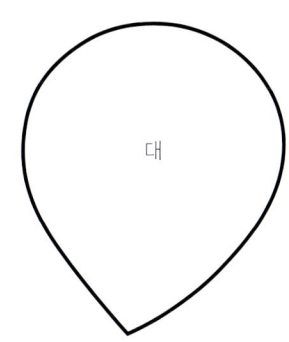

대

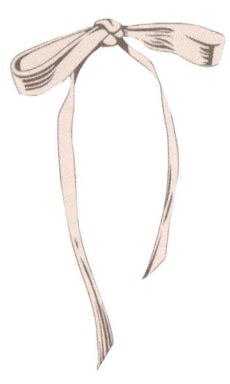

5. dear daisy

난이도 ★★★

재   료 : 25mm 공단 리본 70cm · · · · · · · · · · · ·1장
          25mm 공단 리본 50cm · · · · · · · · · · ·1장
          액세서리, 바늘, 실, 코사지대

예상재료비 : 4,000원

1 겉과 겉을 맞대고 0.5cm
정도 띄고 박음질 합니다.

2 끝까지 박음질을 한 후 매듭
을 짓고 실은 자르지 않습
니다.

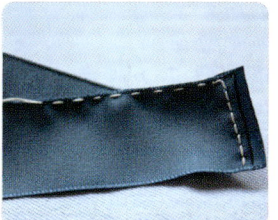

3 리본의 한쪽 끝부분을
4mm 정도의 바늘땀으로
홈질해 줍니다.

4 끝까지 홈질한 후 실을 잡
아당겨서 매듭을 지어줍니다.

5 처음 0.5cm남긴 부분에
글루를 쏘아줍니다.

6 박음질이 보이지 않도록
접어 붙여줍니다.

7 박음질이 보이는 뒷면에도
글루를 쏘아줍니다.

8 박음질이 보이지 않도록
위와 같이 붙여줍니다.

9 위에 올라가는 리본은
6mm 정도의 바늘땀으로
홈질합니다.

10 글루로 두 리본을 붙여
줍니다.

11 중심에 액세서리를 붙이
고 뒷면에 코사지대를
글루로 고정합니다.

바늘땀의 크기에 따라 완성된 리본의 구멍차이가 있습니다.
바늘땀이 크면 구멍은 작아지고 바늘땀이 작으면 구멍은
커지므로 위에 올리는 리본의 바늘땀은 크게 하는게 좋습니다.

6. 벨라로즈

난이도 ★★★★

재   료 : 40mm 와이어 리본 120cm · · · · · · · · · · 1장
         40mm 와이어 리본 20cm · · · · · · · · 2장
         바늘, 실, 코사지대

예상재료비 : 7,000원

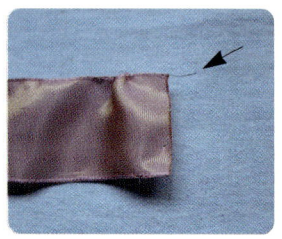

1 양쪽 끝에 와이어가 들어간 리본을 와이어 리본이라고 합니다.

2 와이어를 살짝 빼서 끝부분을 말아줍니다.

3 반대편 리본의 와이어를 빼서 당겨가며 주름을 잡아줍니다.

4 주름을 당겨 50cm정도 길이가 되도록 합니다.

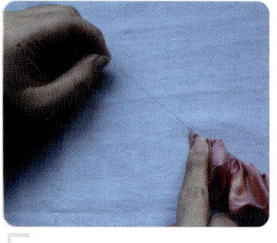

5 길이를 조절한 후 와이어를 잘라줍니다.

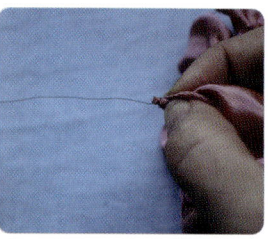

6 리본 끝에 와이어를 감아서 고정해 줍니다.

7 반대쪽 리본의 와이어도 살짝 빼서 말고 주름을 잡아줍니다.

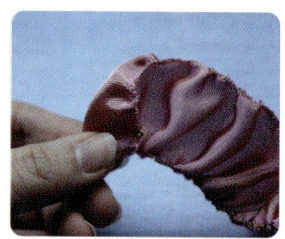

8 한쪽 끝을 삼각형으로 접어 줍니다.

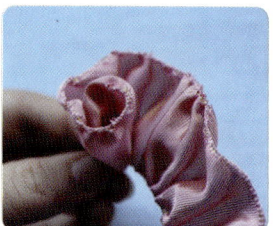

9 글루로 고정해가면서 말아 줍니다.

10 맨 끝부분에 글루를 쏘아 붙여줍니다.

11 완성된 코사지의 뒷모양 입니다.

잎사귀, 마감

1 2장의 와이어 리본을 포개어 줍니다.

2 양옆을 위와 같이 접어 줍니다.

3 사다리꼴 모양을 따라 홈질 해 줍니다.

4 실을 당겨 살짝 주름을 잡고 매듭을 지어줍니다.

5 접힌 부분을 0.5cm 정도 남기고 잘라낸 후 열처리 합니다.

6 리본을 펼쳐 잎사귀 모양을 만듭니다.

7 코사지대에 잎사귀를 먼저 글루로 고정해 줍니다.

8 꽃을 붙여 완성합니다.

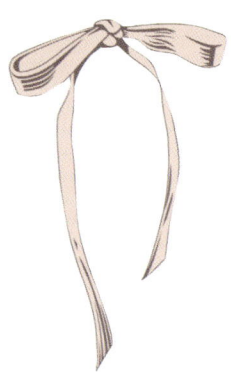

7. 블루스톤

난이도 ★★★★

재　　료 :　25mm 스티치리본 7cm ·············· 10장
　　　　　　25mm 스티치리본 6cm ·············· 5장
　　　　　　25mm 스티치리본 5cm ·············· 3장
　　　　　　10mm 자바라 10cm ·············· 1장
　　　　　　바늘, 실, 코사지대

예상재료비 : 5,500원

1 5cm 리본을 준비합니다.

2 리본을 위와 같이 90°로 접어줍니다.

3 2번의 사선을 중심으로 접어줍니다.

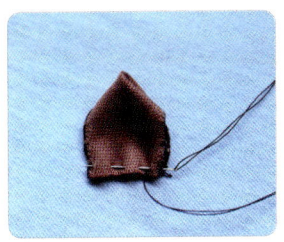

4 밑 부분을 홈질해 줍니다.

5 3장을 이어서 홈질을 한 후 처음과 마지막 리본을 이어줍니다.

6 실을 잡아당겨 매듭을 지어 줍니다.

7 리본의 벌어진 부분에 글루를 쏘아 고정해 줍니다.

8 7cm, 6cm 리본 모두 같은 방법으로 만듭니다.

9 리본 안쪽에 글루를 쏘아 엇갈리게 고정합니다.

10 자바라에 글루를 쏘아
말아줍니다.

11 끝까지 말아서 고정한
모습입니다.

12 완성된 꽃 위에 붙여
완성하고 뒷면에 코사
지대를 붙여줍니다.

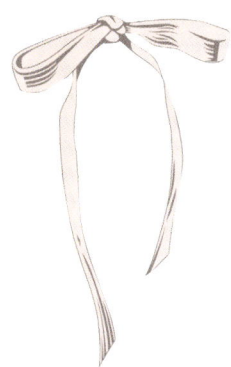

8. 보니슈

난이도 ★★★★

재　　　료 :　모직 원단 5cm × 5cm · · · · · · · · · · · · 5장
　　　　　　　밍크장식, 구슬장식, 바늘, 실, 코사지대

예 상 재 료 비 :　10,000원

1 모직 원단을 준비합니다.

2 위와 같이 삼각형 모양으로 접어줍니다.

3 위와 같이 접어줍니다.

4 반대편도 마주보게 접어줍니다.

5 4번의 원단을 뒤집어서 위와 같이 접어줍니다.

6 반대편도 마주보게 접어줍니다

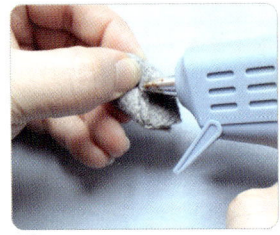

7 접어서 만나는 부분에 글루를 쏘아줍니다.

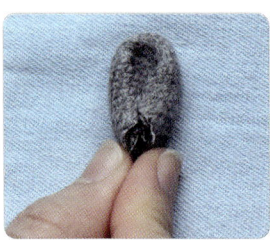

8 글루를 쏘아 붙인 모습입니다.

9 8번의 밑부분을 잘라줍니다.

10 중심에 매듭지은 바늘
을 통과해 줍니다.

11 5장을 모두 연결하고
실을 잡아 당겨 매듭
지어줍니다.

12 밍크장식에 리본을 올려
글루로 고정해 줍니다.

13 구슬장식을 붙여 완성
하고 뒷면에 코사지대
를 붙여줍니다.

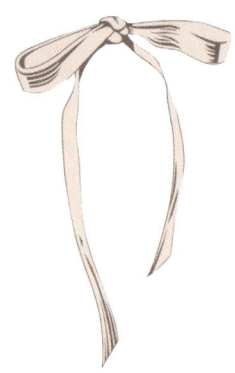

9. 선샤인

난이도 ★★★

재   료 : 10mm 코팅 리본 67cm ··············1장
단추 장식, 바늘, 실, 코사지대

예상재료비 : 5,500원

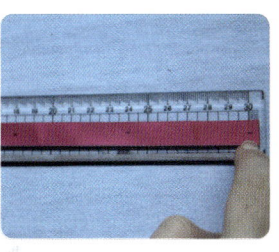

1 양끝을 0.5cm씩 남겨두고 6cm 간격으로 수성펜으로 표시합니다.

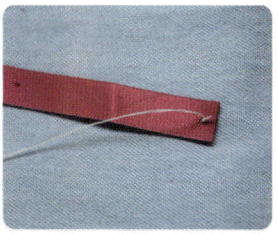

2 매듭을 지은 실로 처음 표시된 점을 한 땀 떠줍니다.

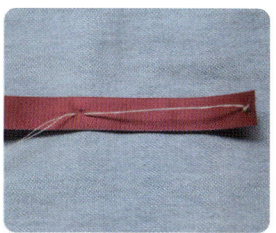

3 표시된 점을 기준으로 양쪽 여유분을 두고 한 땀 떠줍니다.

4 표시된 점을 모두 바느질해 줍니다.

5 마지막 리본을 처음 리본의 위로 통과해 줍니다.

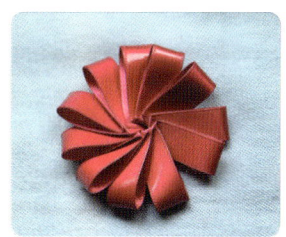

6 실을 끝까지 잡아당겨 매듭을 지어줍니다.

7 단추장식을 붙여 완성하고 뒷면에 코사지대를 글루로 붙여줍니다.

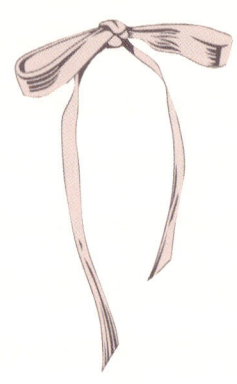

10. 바이올렛공작

난이도 ★★

재   료 : 40mm 공단 리본 13.5cm · · · · · · · · · · · 3장
40mm 공단 리본 8cm · · · · · · · · · · · · 1장
깃털, 액세서리, 바늘, 실, 코사지대

예 상 재 료 비 : 8,000원

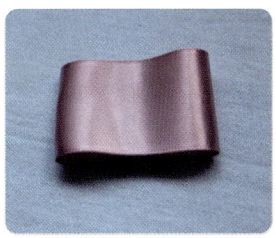

1 기본링을 만듭니다.

2 4장의 리본도 같은 방법으로 만들어 줍니다.

3 준비된 리본을 위와 같이 엇갈리게 글루로 붙입니다.

4 깃털과 액세서리를 붙여 줍니다.

5 뒷면에 코사지대를 글루로 붙여줍니다.

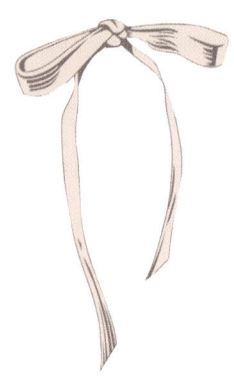

11. 가면무도회

난이도 ★★★★

재　　료: 60mm 망사 리본 30cm · · · · · · · · · · · 1장
　　　　60mm 망사 리본 25cm · · · · · · · · · · · 1장
　　　　30mm 망사 리본 7cm · · · · · · · · · · · 1장
　　　　40mm 펄 공단 리본 30cm · · · · · · · · · · 1장
　　　　40mm 펄 공단 리본 25cm · · · · · · · · · · 1장
　　　　40mm 펄 공단 리본 7cm · · · · · · · · · · 1장
　　　　깃털, 액세서리, 바늘, 실, 코사지대

예상재료비: 8,000원

1 30cm 두 리본을 겹쳐 반을 접어줍니다.

2 사선방향으로 홈질을 합니다. 25cm 두 리본도 같은 방법으로 만듭니다.

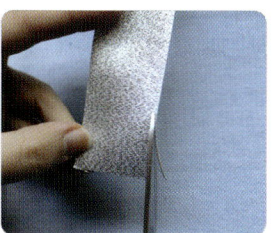

3 7cm 펄공단 리본의 한쪽 끝을 잘라줍니다.

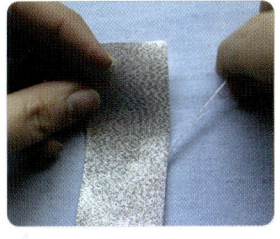

4 끝부분을 잡고 올을 풀어줍니다.

5 0.5cm 정도 올은 풀어주고 7cm 망사리본과 겹쳐 핀으로 고정합니다.

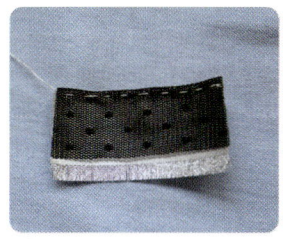

6 위와 같이 홈질하여 잡아당겨 매듭을 지어줍니다.

7 사선으로 바느질한 2개의 리본을 엇갈리게 글루로 고정합니다.

8 6번의 리본을 올려 글루로 고정합니다.

9 액세서리를 붙여 완성하고 뒷면에 코사지대를 글루로 붙여줍니다.

Part5
생활을 디자인하는 리본데코

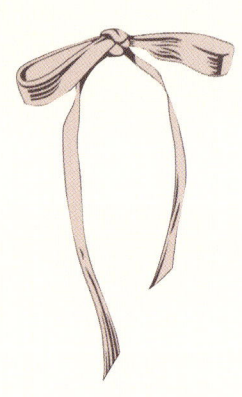

1. 러브하우스

난이도 ★★

재　　　료 : 30mm 면 레이스 리본 120cm ‥‥‥‥‥1장
　　　　　　장미 리본 줄기, 하트리스

예상재료비 : 12,000원

1 리본을 리스의 뒷면에 주름을 잡아가며 글루로 고정합니다.

2 끝부분을 3cm정도 여유를 두고 잘라줍니다.

3 끝부분을 안으로 접어 붙여줍니다.

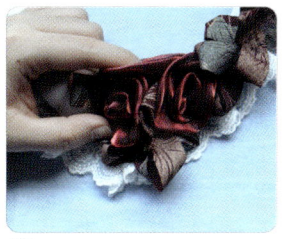

4 장미가 모이도록 위치를 잡아서 글루로 고정해 줍니다.

5 줄기의 장미를 떼어서 볼륨감 있게 글루로 고정해 줍니다.

6 떼어낸 장미의 자국이 보이지 않도록 줄기를 안으로 접어서 붙여줍니다.

7 같은 방법으로 하트 리스의 2/3정도까지 붙여줍니다.

8 남은 끝부분을 여유 있게 잘라냅니다.

9 끝부분을 안으로 접어 붙여서 깔끔하게 마무리 합니다.

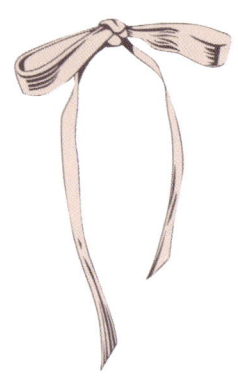

2. 행복으로의 초대

난이도 ★★★

재　　　료 :　25mm 투톤 오건디 리본 5cm (잎사귀) · · · · · 5장
　　　　　　　15mm 자카드리본 110cm (리본장식) · · · · · · 1장
　　　　　　　로맨틱꽃줄기, 구슬장식, 열쇠걸이, 바늘, 실

예 상 재 료 비 :　13,000원

1 위와 같이 리본을 접습니다.

2 오른쪽 리본을 뒤쪽으로 접어 리본을 겹쳐줍니다.

3 일자로 홈질을 해줍니다.

4 실을 잡아당겨 매듭을 지어 잎사귀를 만들어 줍니다.

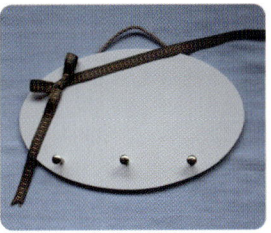

5 15mm 리본을 묶어서 글루로 고정해 줍니다.

6 남은 리본은 꼬임을 주어서 글루로 고정합니다.

7 원하는 색을 꽃을 골라서 잘라줍니다.

8 모서리에 꽃을 먼저 글루로 붙여줍니다.

9 꽃과 잎사귀를 볼륨감 있도록 붙여줍니다.

10 마지막 꽃까지 붙인 모습입니다.

11 구슬장식을 달아서 완성합니다.

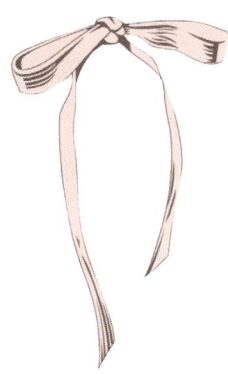

3. 향기를 더하는 북마크

난이도 ★★★

재　　료 :　25mm 펄 공단 리본 30cm · · · · · · · · · · ·1장
　　　　　　15mm 공단 리본 20cm · · · · · · · · · · ·1장
　　　　　　북마크, 진주 구슬, 바늘, 실

예 상 재 료 비 : 3,000원

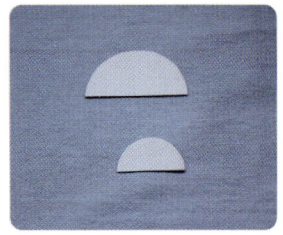

1 도안을 준비합니다.

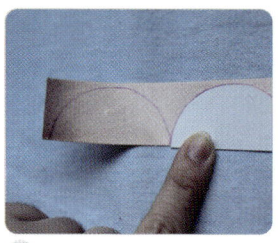

2 25mm 리본에 큰 반원의 도안을 대고 수성펜으로 그려줍니다.

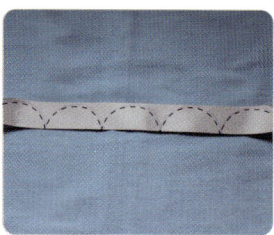

3 5개의 반원을 그리고 리본 의 처음과 끝에 여유분을 두고 자릅니다.

4 반원이 그려진 선을 따라 홈질합니다.

5 5개의 원을 모두 연결하여 홈질합니다.

6 실을 잡아 당겨 처음과 끝 을 이어 매듭지어 줍니다.

7 완성된 꽃 모양입니다.

8 큰 반과 작은 반원으로 만든 2개의 꽃을 위와 같 이 글루로 붙여줍니다.

9 진주 구슬을 글루로 붙여 줍니다.

10 북마크에 글루를 쏘아 꽃을 붙여줍니다.

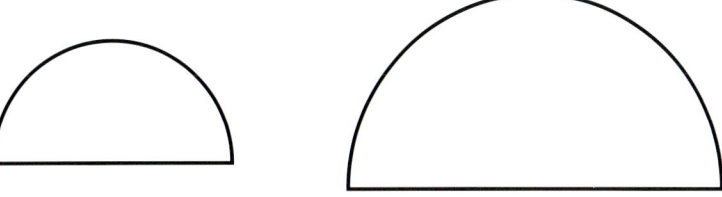

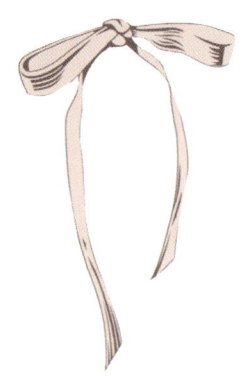

4. 플라워스토리

난이도 ★★★★

재　　료 : 40mm 와이어 리본 10cm (큰꽃) · · · · · · · · · 3장
　　　　　 40mm 와이어 리본 10cm (작은꽃) · · · · · · · 5장
　　　　　 바늘, 실, 방울솜
　　　　　 나뭇가지, 꽃수술 장식, 액자

예 상 재 료 비 : 7,500원

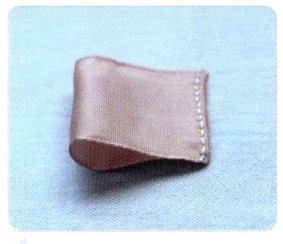

1 와이어를 뺀 리본을 반으로 접어 박음질 한 후 매듭을 지어 줍니다.

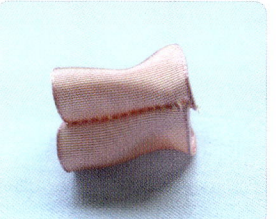

2 박음질한 리본을 뒤집어 줍니다.

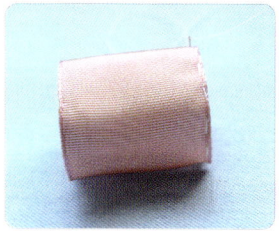

3 리본 한쪽 끝부분을 홈질해 줍니다.

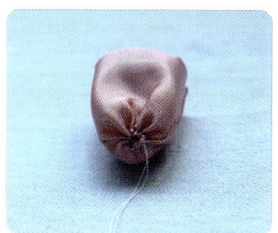

4 실을 잡아당겨 매듭을 지어 줍니다.

작은꽃 만들기

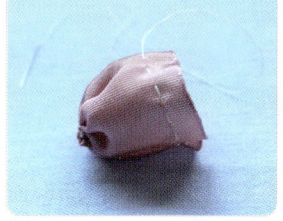

5 반대편 리본 끝부분에서 0.7cm 내려와서 홈질해 줍니다.

6 방울솜을 넣어 줍니다.

7 실을 잡아당겨 매듭을 지어 줍니다.

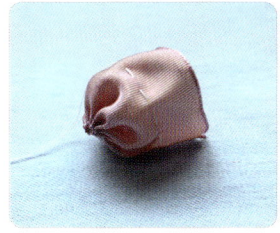

8 1~4번까지 작업 후 리본 끝부분에서 2cm 내려와서 홈질해 줍니다.

9 방울솜을 넣고 실을 잡아당겨 매듭을 지어 줍니다.

Tip

홈질의 위치에 따라 다양한 꽃모양을 표현할 수 있습니다.

큰꽃 만들기

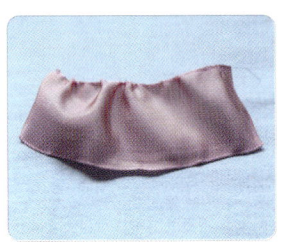

10 한쪽 끝의 와이어를 살짝 빼서 끝에 말아주고 반대편 와이어를 당겨서 주름을 잡고 끝부분을 말아줍니다.

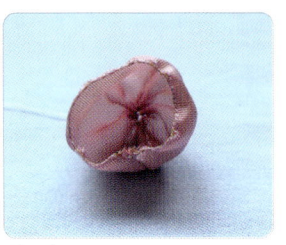

11 1번~4번까지의 작업 후 방울솜을 넣지 않고 피어있는 꽃을 만들어 줍니다.

12 액자 위에 나뭇가지와 꽃을 붙여줍니다.

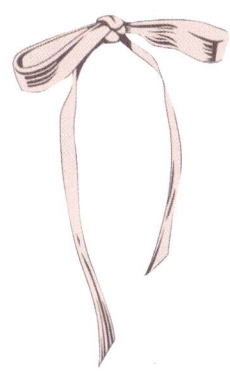

5. 즐거운 일상

난이도 ★★★

재   료 : 원단 29cm × 23cm, 10cm × 7cm ‥‥‥‥각 1장
25mm 공단 맞주름 리본 30cm ‥‥‥‥‥1장
5mm 리본끈 30cm ‥‥‥‥‥‥‥1장
전사지, 코너장식, 네일헤드
다이어리 (11cm × 18cm)

예 상 재 료 비 : 13,000원 (다이어리 가격 불포함)

1 원단 전체에 양면테이프를 붙여줍니다.

2 사방 2.5cm 시접을 남겨두고 양면테이프를 떼어 붙여 줍니다.

3 원단이 울지 않도록 주의 하여 붙여줍니다.

4 위와 같이 다이어리의 위, 아래 부분을 잘라줍니다.

5 사방 모서리를 사선으로 잘라줍니다.

6 시접을 접어 다이어리 안 쪽에 붙여줍니다.

7 다이어리에 원단을 붙인 모습입니다.

8 1/3지점의 안쪽시접에서 부터 양면테이프를 붙여줍 니다.

9 양면테이프를 떼고 맞주름 리본을 붙여줍니다.

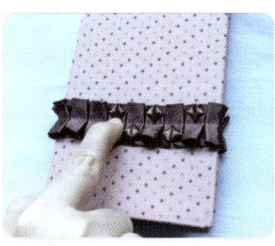

10 맞주름 리본을 마름모 모양으로 접어서 글루로 고정합니다.

11 속지에 양면테이프를 붙여줍니다.

12 속지가 울지 않게 양면 테이프를 붙여줍니다.

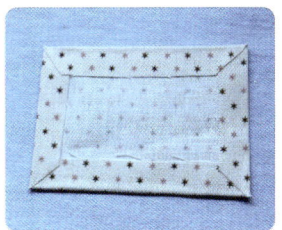

13 원단의 사방은 시접 1cm를 접어 양면테이프로 붙여줍니다.

14 전사지 위에 원단의 겉 면이 오도록 놓아줍니다.

15 약한 세기의 다리미로 1분간 눌러줍니다.

16 전사지를 떼어 냅니다.

17 코너장식을 모서리에 끼워 넣고 롱로우즈로 눌러줍니다.

18 16번의 원단에 양면 테이프를 붙여 다이어 리에 붙여줍니다.

19 모서리에 네일헤드를 글루나 인두로 붙여줍니다.

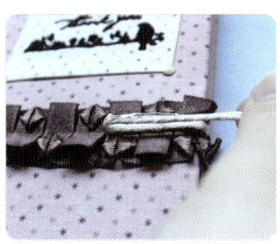

20 리본끈을 맞주름 리본 위에 글루로 붙여줍니다.

21 완성된 모습입니다.

Part6
마음을 전하는 리본포장

1. 베이직리본 장식포장

재   료 : 25mm 양면 공단 리본 20cm · · · · · · · · · 1장
25mm 양면 공단 리본 6cm (마감용) · · · · · · 1장

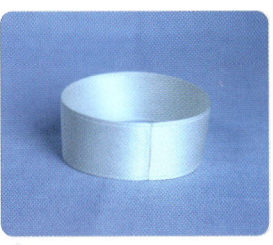

1 리본의 한쪽 끝에 양면테이프를 붙여서 링을 만들어 줍니다.

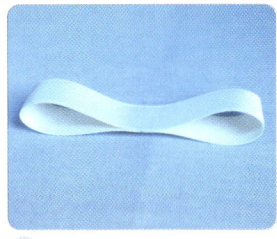

2 리본의 중심과 마감 선을 맞춰 양면테이프를 떼고 고정합니다.

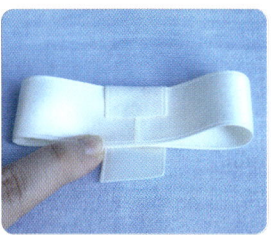

3 리본의 뒷면에 마감리본의 한쪽을 먼저 고정합니다.

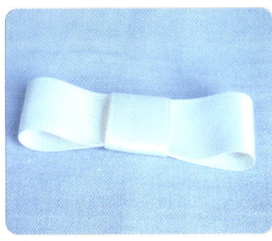

4 다른 한쪽도 고정하여 일자 마감합니다.

5 상자 위에 글루로 붙여 줍니다.

2. 벨벳버클 장식포장

재　　료 : 25mm 벨벳 리본 50cm ‧ ‧ ‧ ‧ ‧ ‧ ‧ ‧ ‧ ‧ ‧ ‧1장
큐빅 버클 장식

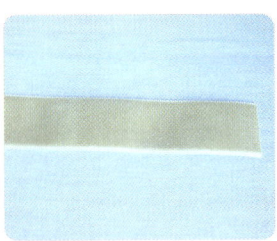

1 벨벳 리본을 준비합니다.

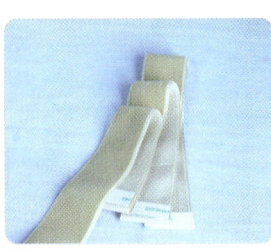

2 위와 같이 리본의 길이차이
를 주고 연결하여 접어 양
면테이프를 붙입니다.

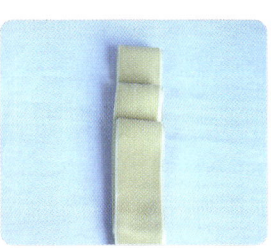

3 양면테이프를 떼고 고정
합니다.

4 큐빅 버클을 끼워 줍니다.

5 상자 위에 글루로 붙여줍
니다.

3. 리본&타슬 장식포장

재　　료 : 30mm 공단 원단 50cm ·············1장
타슬장식, 바늘, 실

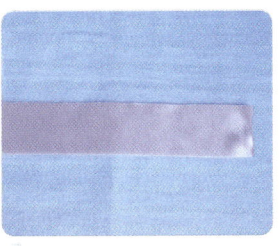

1 공단 원단을 준비합니다.

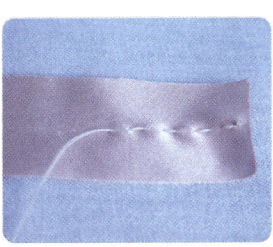

2 원단의 중앙을 홈질해 줍
니다.

3 실을 잡아당겨 주름 잡아
줍니다.

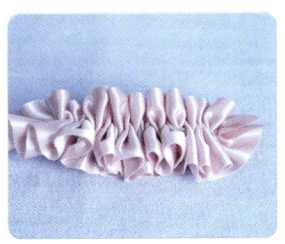

4 주름의 길이를 5cm 정도로
만들고 매듭지어 줍니다.

5 주름 부분을 한쪽 방향으로
돌려줍니다.

6 리본의 끝에 글루를 쏘아
타슬장식을 붙여줍니다.

7 상자 위에 글루로 붙여줍
니다.

4. 크리스마스트리 장식포장

재   료 : 10mm 사선무늬 공단 리본 25cm · · · · · · · · · · · 1장
          10mm 공단 리본 25cm · · · · · · · · · · · · 1장
          8mm 구슬 7개, 바늘, 실

1 공단 리본을 준비합니다.

2 리본의 한쪽 끝에만 양면 테이프를 붙여줍니다.

3 위와 같이 매듭 지은 실로 리본과 구슬을 끼워가며 통과해 줍니다.

4 리본의 길이를 점점 짧게 잡아 통과해 주고 5번째 구슬에서 매듭 지어줍니다.

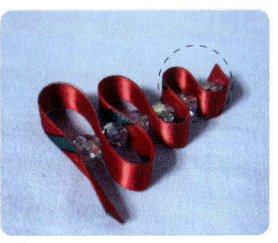

5 글루로 구슬과 리본을 붙여 매듭을 가려줍니다.

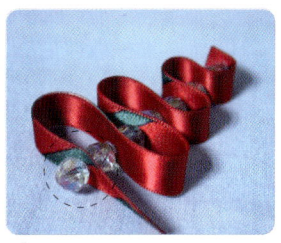

6 처음 시작의 매듭도 구슬을 붙여 가려줍니다.

7 상자 위에 글루로 붙여줍니다.

5. 펠트별 장식포장

재   료 : 15mm 펠트지 18cm · · · · · · · · · · 3장
         15mm 펠트지 16cm · · · · · · · · · · 3장
         15mm 펠트지 14cm · · · · · · · · · · 3장
         15mm 펠트지 5cm · · · · · · · · · · · 1장

1 펠트지를 준비합니다.

2 리본의 한쪽면에 양면테이프를 붙이고 사진과 같이 접어줍니다.

3 반대편도 같은 방법으로 만들어 양면테이프를 떼고 붙여줍니다.

4 3번 리본 3개를 엇갈리게 붙여줍니다.

5 5cm 리본으로 링을 만들어 14cm 리본위에 붙여줍니다.

6 18cm, 16cm, 14cm 리본 모두 위와 같이 만들어줍니다.

7 리본들을 엇갈리게 붙여 완성합니다.

8 상자 위에 글루로 붙여줍니다.

6. 장미꽃 장식포장

재   료 : 25mm 융 그라데이션 리본 80cm (꽃) · · · · · ·1장
25mm 융 그라데이션 리본 7cm (잎사귀) · · · · ·4장

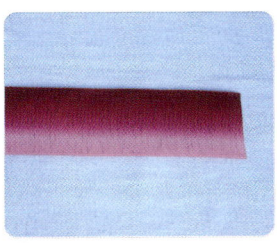

1 리본을 준비합니다.

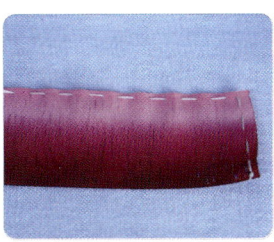

2 처음 시작 부분을 위와 같이
홈질해 줍니다.

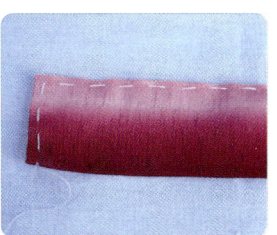

3 'ㄷ'자 모양이 되도록 끝까지
홈질해 줍니다.

4 실을 잡아당겨 주름을
20cm 길이로 만들고 매듭
지어 줍니다.

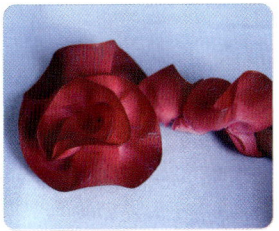

5 중간 중간 글루로 고정해
가면서 말아줍니다.

6 완성된 모습입니다.

잎사귀만들기

1 겉과 겉을 맞대어 줍니다.

2 위와 같이 곡선으로 홈질 해 줍니다. (촘촘히 홈질 할수록 좋습니다.)

3 0.5cm 시접을 남기고 잘라 열처리 합니다.

4 리본을 펼쳐 잎사귀 모양을 만듭니다.

5 위와 같이 끝부분을 홈질 합니다.

6 실을 당겨 매듭을 지어줍 니다.

7 2장의 잎사귀와 꽃을 글루로 붙여줍니다.

8 상자 위에 글루로 붙여 줍 니다.

재료상가

※ 동대문 종합시장 – 서울시 종로구 종로6가 289-3
　http://www.dongdaemunsc.co.kr

● **가치리본**　리본테이프, 섬유부자재
　　　　　　　동대문 종합시장 B동 5층 85호
　　　　　　　02-2273-4473

● **대도리본**　수입리본
　　　　　　　중구 남창동 34-63번지
　　　　　　　02-771-0883~4

● **리본월드**　종합섬유 부자재
　　　　　　　동대문 종합시장 B동 5층 213호
　　　　　　　02-2269-6328

● **KT 리본**　리본테이프, 섬유부자재
　　　　　　　동대문 종합시장 B동 5층 5055,5056호
　　　　　　　02-2271-2227~8

● **미래리본뱅크**　의류부자재, 전사전문
　　　　　　　　　동대문 종합시장 A동 5층 5134,5135호
　　　　　　　　　02-2267-6747

● **현경**　리본부자재, 헤어핀
　　　　　　동대문 종합시장 B동 5층 5116~5118호
　　　　　　02-2285-1885

● **예림**　스팡클, 비즈, 카라. 자수레이스
　　　　　　동대문 종합시장 B동 2층 2397~2399호
　　　　　　02-2272-8814

※ 인터넷 쇼핑몰 ※

가치리본 – http://www.allthatribbon.com
대도리본 – http://www.daedoribbon.com
리본드림 – http://www.ribbondream.com
리본월드 – http://www.ribbonworld.co.kr
와우리본닷컴 – http://www.wowribbon.com
가베리본 – http://gaberibbon.com

한국문화센터 전국지부 안내

서울

강남 02-558-8850

강동 02-473-1040~1

강북 02-990-6565

강서 02-2608-3335

건대 02-464-3777~8

광화문 02-737-0621

구로 02-853-1464

노원 02-952-6041

논현 02-512-3314

등촌염창 02-2653-1804

마포 02-3272-7774

사당 02-593-5551

서울대 02-889-9122

성북강현주문화원 02-927-2323

신촌 02-323-5950

약수 02-2232-9967

영등포 02-2679-7949

은평 02-382-8851

잠실 02-415-2998

중랑 02-495-3777

청량리 02-965-0114

경기

광명 02-2619-2772

광주 031-765-3666

구리 031-566-3650

김포 031-983-8378

남양주 031-529-3927

동두천 031-862-7159

동인천 032-766-3546

동탄 031-8003-1141

문산 031-953-9100

부천 032-668-0906

북수원 031-246-0551

분당 031-715-6207

산본 031-396-6385

성남 031-756-7750

수원금곡 031-297-0649

수원남문 031-254-0944

수원영통 031-203-0223

시흥 031-496-9120

안산 031-487-3900

안양 031-444-1110

역곡 032-344-3432

오산 031-374-1558

용인 031-287-5316

의정부 031-826-0891

인천계양 032-500-8776

인천남동 032-469-6654

인천부평 032-526-7113

인천서구 032-581-2456

인천연수 032-822-1477

인천주안 032-876-2188

일산 031-901-5707

파주 031-947-7913

평촌 031-386-1555

평택 031-657-0064

하남 031-793-9391

화정 031-967-3078

강원

동해 033-533-2381

춘천 033-257-6172

전라

전주 063-226-3177

충청

대전 둔산 042-472-5915

대전 유성 042-867-5915

서산 041-668-4230

아산 041-548-6400

천안쌍용동 041-573-1002

천안터미널 041-522-8008

청주 043-224-7843

경상

거제 055-632-8210

경산 053-815-8153

경주 054-748-6444

구미 054-452-2554

구미석적 054-976-3235

김천 054-434-4345

김해 055-323-0553

대구달서 053-555-7170

대구중앙 053-425-4888

대구칠곡 053-327-0577

마산 055-243-5442

부산남포 051-231-3324

부산덕천 051-334-3331

부산동래 051-557-3324

부산사하 051-207-6683

부산서면 051-819-6683

부산수영 051-756-1780

부산해운대 051-704-8860

안동 054-842-8423

양산 055-364-7208

울산 052-261-0444

울산호계 052-234-9006

장유 055-339-9553

진주 055-744-4880

진해 070-8726-7952

창원 055-261-2003

창원팔용 055-252-6006

포항 054-254-2544

NAVER 한국문화센터연합회 검색

한국문화센터 http//www.hanc.co.kr

아름다운 삶을 꿈꾸는 당신을 위해......

your beautiful life now

〈한국문화센터 강좌과목〉	
공예	도자기페인팅, 포크아트, 패션페인팅, 톨페인팅, 초크아트, 폼아트, POP예쁜손글씨, 풍선아트, 칼라믹스, 클레이아트, 폴리머클레이, 비즈공예, 와이어공예, 펠트공예, 선물포장, 은점토, 알공예, 리본아트, 양초공예. 북아트, 비즈와이어공예, 종이공예, 슈가크래프트, 규방공예, 전통매듭, 아동미술
섬유	홈패션, 패션양재, 한복디자인, 퀼트, 손뜨개, 드레스인형, 강아지옷만들기, 머쉰퀼트, 옷수선, 인형옷만들기
화훼	전텅꽃꽂이, 꽃누루미, 플라워디자인, 토피어리, 성전꽃꽂이, 화훼장식기능사, 꽃집운영반
미용	메이크업, 네일아트, 피부관리, 발관리, 천연비누, 천연화장품, 천연비누&천연화장품, 반영구화장

(사)한국문화센터 연합회
http//www.hanc.co.kr

한국문화센터
20% 할인권
전국의 한국문화센터에서
연회비 할인 받으실수 있습니다.

DAEDO
RIBBON

수입리본에 관한 모든 것이 있는 곳

공단리본 / 쟈가드 / 스트링 / 스티치 / 골지
프릴 / 체크 / 실크 / 오간디 / 벨벳 / 스웨이드
면리본 / 레이스 / 토숀 / 피콧 / 메탈 / 펄
와이어 / 모티브 / 원단 리본

www. daedoribbon.com

02-771-0883/4

Gachi Ribbon

국내 최대 멀티리본 전문샵

"가치리본"

www.allthatribbon.com
올 덧 리 본 닷 컴

공단골직 / 무광주자 / 북골직 / 헤링본 / 평직

수입리본 / 니트스웨터 / 쟈카드 / 오간디

프릴리본 / 멀티체크리본 / 레이스 / 피코트

메탈릭펄 / 스트라이프 / 각종프린트 / 맞춤주문제작전문

TEL.02.2273.4473   서울 종로구 종로6가 289-3 동대문종합시장 B동 5085호, 5086호

FAX.02.2273.4479   서울 중구 을지로6가 케레스타 3층 2호

10% 할인권
매장방문시 사용하세요
-가치리본-

홈패션에서 사용하는 기본기법 설명과 동영상 DVD 강의 및 그대로 오려
사용가능한 대형 실물 도안 수록으로 누구나 쉽게 배울 수 있는
핸드메이드 실용서!!!

실생활에서 필요한 소품에서 신생아용품, 침구까지 다양한 작품의 제작과정과 홈패션에서
사용하는 기본기법 설명으로 재봉틀을 처음 접하는 분들이 쉽게 따라 할 수 있도록 내용을
구성하였습니다.

이 책을 통해 소소한 즐거움들이 가득한 일상으로 여러분들을 초대합니다.

특별공급가격 : 19,800원

Ribbondream

리본드림은
리본, 액세서리, 부자재, 와펜, 레이스를
판매하는 리본전문 온라인 쇼핑몰이에요

www.ribbondream.com

010-2312-9364

손으로 전하는 DIY 이야기

반가워 리본아

지 은 이	송윤선, 최근례
펴 낸 곳	예스미디어 www.ymg.kr
발 행 일	2016년 1월 15일
등록번호	제342-251002009-000002호
주 소	대구광역시 동구 괴전동 164-3
대표전화	070-7636-9115
F A X	053-286-7582
홈페이지	www.ymg.kr
E-mail	ymgbook@daum.net
I S B N	978-89-94356-38-9
특별공급가격	14,900원
디자인 진행	김혜령
작품사진촬영	신상우, 박준한
모델	정혜린, 한수연, 정민찬
촬영협조	미스터빈, WOOCAFE
내용문의	cafe.daum.net/yesmedia 의 "질문하기"란

불법복사는 지적재산을 훔치는 범죄행위입니다.
저작권법 제136조(권리의 침해죄)에 따라 위반자는 5년 이하의 징역 또는 5천만원 이하의
벌금에 처하거나 이를 병과 할 수 있습니다.

♣ 파본은 구입처에서 교환해 드립니다.